영어교사를 위한

스토리텔링 테크닉

영어교사를 위한
스토리텔링 테크닉

—

인쇄 2016년 2월 25일 1판 1쇄　**발행** 2016년 2월 29일 1판 1쇄

지은이 오영주　**펴낸이** 강찬석　**펴낸곳** 도서출판 나노미디어　**주소** (150-838) 서울시 영등포구
도신로51길 4　**전화** 02-703-7507　**팩스** 02-703-7508　**등록** 제8-257호
홈페이지 www.misewoom.com

정가 17,000원

—

이 도서의 국립중앙도서관 출판예정도서목록(CIP)은 서지정보유통지원시스템 홈페이지(http://seoji.nl.go.kr)와
국가자료공동목록시스템(http://www.nl.go.kr/kolisnet)에서 이용하실 수 있습니다.
CIP제어번호: CIP2016004261

—

ISBN 978-89-89292-60-9　93740

영어교사를 위한

스토리텔링 테크닉

Storytelling technique

오 영 주 지음

Nano | 나노
Media | 미디어

For my precious children,

Hyunwoo & Dohyeong.

들어가는 말

알파벳을 배우는 것이 영어의 시작이고, 글자와 문법을 익히는 것이 먼저라고 믿었던 적이 있었습니다. 그러다 90년대에 파닉스 열풍이 불면서 마치 이제야 진정한 영어 공부의 해결책을 찾은 듯 전국이 뜨거웠던 적도 있었습니다. 그러나 막연하게 그 방법이 아닐 수도 있다는 생각이 들 무렵 영어 동화책을 알게 되었습니다. 불모지에 가까웠던 스토리텔링의 이론적 체계를 만들기 위해 나름대로 끊임없이 연구해왔고 이제 그 결과를 이 책에 고스란히 담아냈습니다.

수많은 시행착오를 거쳐야 했던 경험을 이 책의 스토리텔링과 자료활용에 담았고, 강의하시는 선생님들의 편의를 위해 활동자료는 따로 구성하였습니다. 이해를 돕기 위한 워크시트와 교구 만들기 외에 가능한 많은 책을 소개하려고 노력했습니다. 이 책을 통해 이론뿐만 아니라 현장 강의에 있어 실용적인 도움이 되기를 바라는 마음으로 최선을 다했습니다.

이 책의 특징 중 하나는 자세한 설명과 이해를 돕기 위해 활용자료와 동화책 사진을 많이 실었다는 것입니다. 좋은 사진을 싣기 위해 활용자료와 책을 출판사로 보내 촬영을 했는데, 그 과정이 출판사 입장에서는 정말 만만치 않은 일이었을 것입니다. 이 모든 수고로움을 다 해주신 임혜정 편집장님과 도서출판

나노미디어 강찬석 사장님께도 지면을 통해 심심한 감사의 마음을 전합니다.
　영어 동화책의 특징 중 하나는, 소수의 사람을 위해 쓴 책이 여러 사람에게 사랑받는 책이 되었다는 것입니다. 저 또한 언젠가 저의 책을 갖게 되었을 때 가장 소중한 사람을 위해 책을 쓰고 싶다는 바람이 있었습니다. 고3 자녀를 둔 엄마는 엄마도 같은 수험생이라던데 책을 쓸 만큼 발칙한 엄마에게 이해와 격려뿐 아니라 컴퓨터 작업에 많은 도움을 준 소중한 두 아들, 현우와 도형이에게 감사와 사랑을 전합니다. 인용한 것은 최대한 출처를 밝히려고 했지만, 오래되거나 출처가 불분명한 것은 표기하지 못함에 대해 양해를 부탁드립니다.

이 책을 만난 모든 분께 사랑과 행복을 기원하며
오 영 주 드림

차 례

차 례

워크시트 활용

스토리텔링에 대한 이해

Storytelling Technique

1 스토리텔링이란?

'스토리story' + '텔링telling'의 합성어로서, 상대방에게 알리고자 하는 바를 재미있고 생생한 이야기로 설득력 있게 이야기를 전달하는 것을 의미한다.

사전적 의미로는 '이야기를 들려주는 활동, 이야기가 담화로 변해 가는 과정'을 뜻한다. 그래서 이야기story와 이야기를 전달하는 플롯plot 구조를 가지고 있다. 스토리텔링은 창작의 영역이라기보다 의사소통의 영역이므로 듣는 이들이 잘 알고 있는 이야기의 흐름이 있다. 우리나라에서는 '구연'이라는 용어를 많이 쓰는데 스토리텔링과 '구연'을 같은 관점으로 보면 이해하기가 쉬워진다.

문학용어에서 비롯된 스토리텔링이라는 용어는 현대에 와서 마케팅 방법 등 다양하게 사용된다.

군산에는 도시 안에 산책할 수 있는 아름다운 호수가 있다. 이 호수에 전해 내려오는 이야기에 의하면, 욕심 많은 부자와 착한 며느리가 살고 있었다고 한다. 어느 날 스님이 시주하러 오자 욕심 많은 부자는 스님의 바랑에 거름을 넣어주고 쫓아냈다. 이 사실을 알게 된 며느리가 몰래 쌀을 시주하면서 시아버지의 잘못에 대해 용서를 빌었다. 이에 감동한 스님은 아무 날, 아무 시에 큰 비가 내릴 테니 집에서 나오되 절대 뒤를 돌아보지 말라고 하였다. 예정대로 그날 큰 비가 내리자 며느리는 아이를 등에 업고 집을 나섰다. 무섭게 내리는 빗속에서 며느리는 시아버지가 걱정이 되어 뒤를 돌아보았다. 그 순간 아이를 업은 채 며느리는 바위가 되었다고 한다. 그것이 지금의 백두개에 있는 애기 바위이고, 부자의 집은 물에 잠기게 되었다는 것이다. 그렇게 만들어진 호수가 바로 은파호수이고, 그 부자의 집은 호수 밑에 있다고 한다. 이 이야기도 스토리텔링의 한 예라고 할 수 있다.

요즘에는 다양한 분야에서 스토리를 넣어 생명력 있게 만들려는 노력을 볼 수 있다. 문제는 이야기를 만들기에 있어 우리말로 만들어내는 것도 어려운데 어떻게 영어로 유창하게 만들 수 있을지에 대해 의문이 들 수도 있다. 스토리텔링은 새로운 이야기를 만들어내는 것이지만, 본 책에서는 영어 동화책을 잘 활용하는 방식으로 풀어나가겠다.

스토리를 간직한 은파 풍경

동화의 내용을 전달하는 유형으로는 대체로 낭독reading aloud과 영어 동화구연English Storytelling 두 종류가 있다. 두 유형 모두 장단점이 있으므로 두 가지 모두 이용하는 것이 바람직하다. 앤드류 라이트Andrew Wright, 1995도 낭독과 구연, 두 가지 방법을 다 인정하고 모두 이용하자는 입장을 취하고 있다.

1) 스토리텔링(storytelling)

영어 동화구연이란 글로 쓰인 문학작품을 들려주기 위한 것으로 개작하여 듣는 이에게 들려주는 것을 말한다.

동화구연의 장점은 교사의 시선이 책이 아니라 아동을 향하기 때문에 동화를 읽는 중에도 아동의 반응을 살펴가며 눈높이에 맞춘 수업이 가능하다. 또한 교사가 교재를 손에 들지 않아도 되므로 손동작이 자연스럽고 때로 다양한 교구를 이용하여 수업의 효과를 증대시킬 수도 있다. 또한 교재가 없기 때문에 아동은 교사의 말에 집중할 수 있으므로 상상력을 확장시킬 수 있으며, 올바른 듣기능력을 키울 수 있다.

소렌슨Sorenson, 1981이 지적한 구연 시 준비할 사항을 보면, 첫째, 동화를 잘 알아야 한다knowing the story. 등장인물이 구연자의 친구가 되고, 배경 그림이 그려질 정도로 분위기와 구성을 잘 파악해야 하며 그렇게 하기 위해서는 이야기를 반복해서 읽어야 한다.

둘째, 동화를 잘 분석해야 한다analyzing the story. 이야기의 장면과 대화의 특징, 등장인물의 독창적인 면, 이야기의 배경에 주목하고, 이야기의 전개 과정, 즉 도입, 전개, 절정, 결말을 주의 깊게 살펴본다.

셋째, 읽고 또 읽어야 한다reading and reading. 의도적으로 하루 동안 이야기를 잊고 있다가 다시 기억해 낼 수 있을 정도로 읽고 또 읽어야 한다.

넷째, 내용이해에 도움이 되도록 단서 카드를 만들어야 한다making the clue cards. 구연을 하다 보면 전개과정을 잊어버리는 경우가 있는데, 이야기의 핵심적인 내용을 적어 놓으면 유용하게 사용할 수 있다.

다섯째, 이야기를 이해하게 되면 효과적인 전달을 위해 구두로 연습을 해야 한다story review and rehearsal. 이때의 연습이란 처음부터 이야기를 완전히 암기하는 것을 의미하는 것은 아니다. 연습할 때, 시간을 재어 보고 너무 길면 무리가 없게 생략해보고, 거울 앞에서 표정과 몸짓으로 표현하면서 녹음해서 들어보아 속도나 목소리 톤을 개선하도록 한다.

그러나 무엇보다 더 중요한 것은 스토리텔링을 할 때는 여유를 가지고 천천히 해야 한다. 교사가 말을 너무 빨리 하여 이야기의 맥이 끊기지 않도록 해야 한다는 것이다. 아동이 흥분해 있을 때는 속도를 더욱 빠르게 하고, 어떤 부분은 생략하기도 하여 내용보다 더 드라마틱하게 구연한다.

동화구연을 할 때 교사는 자신의 목소리의 높낮이, 강약, 멈춤, 온몸의 움직임을 이용하여 아동을 이야기의 세계로 끌어들여야 한다. 예를 들어 동화의 내용이 급박한 상황이거나 노인이 말을 하는 상황인데도 아주 예쁜 선생님의 낭랑한 목소리로 한다면 오히려 아동은 혼란을 겪을 수도 있다.

때로는 잘못된 구연이 내용이해를 방해하기도 한다. 《Have you seen my duckling?》이란 동화와 같이 판매되는 CD의 소리는 마치 멀리 메아리를 울리듯 아름답게 퍼져나가 평화로운 연못의 풍경을 연상하게 한다. 그러나 그것은 오히려 동화의 내용을 잘 살리지 못한 예라고 할 수 있다. 어떻게 아이를 잃어버린 엄마의 목소리가 평화로울 수 있겠는가?

그 외에도 동화의 내용 중 도둑이 들어온 경우나 생명이 위급한 긴박한 상황 속에서 시종일관 예쁜 목소리로 구연하는 것도 좋은 예가 아니다. 여기에 교구를 활용하면 더욱 생동감 있는 구연이 될 수 있다. 교구를 이용할 때 처음에는 교사가 이야기에 나오는 등장인물을 움직이며 이야기하지만, 더 나아가서는 아동이 직접 조작하고 스스로 교구를 움직이며 구연하도록 유도해보자. 그렇게 하면 말로만 구연하는 것보다 훨씬 흥미로운 수업이 될 수 있고 아동의 이해에 도움이 될 수 있다.

2) 낭독(Read Aloud)

낭독이란 교사가 소리 내어 읽어주는 것을 말한다. 책 읽어주기는 아동들의 어휘력, 독해력, 이해력 등의 학습에 효과적인 지도학습으로 여겨져 왔다. 낭독을 통해 아동의 언어사용이 유창해지고, 구어체에서 들을 수 없는 시적이며 문학적 표현에 익숙해질 수 있고 방언이나 아동이 사용하지 않는 언어도 감상할 수 있다.

교사에게 있어 낭독의 장점은 이야기의 내용을 완전히 암기할 필요가 없으므로 낭독 중 영어를 실수할 염려가 적다. 아동 또한 이야기를 반복해서 듣게 되므로 다음에 무슨 내용이 나올지 예상할 수 있어 책을 읽고 싶어 하는 마음이 생길지도 모른다. 만약 그 책에 흥미를 느낀다면 나중에 빌려서라도 읽어보게 될 것이다. 그러나 책 속의 글들은 대개 정확하고 경제적인 표현을 사용하며 반복되는 부분이 많지 않아서 아동이 이해하기에 다소 어려운 부분이 있을 수 있다. 또한 낭독하는 사람도 책 속에 몰입하여 듣는 사람의 이해도는 생각하지 못하고 읽어나갈 수도 있다. 그러므로 효과적으로 낭독하는 요령을 살펴보자.

첫째, 감정을 넣어 읽어줘야 한다. 책을 읽어주는 교사도 이야기를 즐기고 열정적으로 읽어줄 때 아동은 그 이야기에서 진정으로 기쁨을 맛볼 수 있기 때문이다.

둘째, 계속적으로 아동의 눈을 바라보며 책을 읽어줘야 한다. 왜냐하면 눈을 마주봄으로써 침착하지 못한 아동들을 이야기에 집중시킬 수 있고 그 이야기 속에 생생하게 빠져들게 할 수 있기 때문이다.

셋째, 교사는 동화책을 읽을 때 책 높이를 고려해야 한다. 책을 너무 높이 들어 교사의 얼굴을 가려도 안 되고 그렇다고 너무 낮게 들어도 안 된다. 책은 크기에 따라 한 손이나 두 손으로 들고 가슴보다 20센티미터 정도 떨어지게 드는 것이 좋다.

넷째, 동화를 읽으며 적절하게 움직이는 것이 내용 이해에 도움이 되나 너무 산만하게 움직이지 않도록 주의한다. 가볍게 얼굴 표정을 짓거나, 손이나 몸을 살짝 움직이는 것은 바람직하다.

다섯째, 재미있는 문단을 발췌하여 읽어준다. 발췌할 문단은 재미있는 표현이 들어 있거나 대화가 포함된 문단, 이야기의 절정에 해당되는 부분이 좋다.

여섯째, 동화를 읽다가 흥미 있는 부분에서 멈추는 것도 동화내용을 전달하는 방법이 될 수 있다. 교사는 동화를 읽기 전 어느 곳에서 멈춰야 할 것인지 생각해 두어야 한다. 교사는 다음 읽기시간을 위해 적당한 곳에서 멈춤으로써 아동이 다음 시간을 기대하도록 유도하며, 아동의 반응을 살펴봄으로써 자신의 낭독기술이 적합한지 판단해 보도록 한다.

마지막으로 교사는 끊임없이 자신의 낭독과정을 평가해야 한다. 주의 깊은 교사는 자기 자신에게 끊임없이 질문함으로써 자신의 낭독방식과 그 이야기 내용을 평가한다. 읽는 속도, 발음이나 음색, 목소리는 적당한지, 아동들도 같이 동화의 내용을 즐기고 있는지 등을 고려해야 성공적인 낭독이 될 수 있기 때문이다.

스토리텔링과 낭독의 비교

스토리텔링(storytelling)	낭 독(Read Aloud)
1. 학생들은 교사가 자신의 이야기를 하고 있다고 느낄 수 있다.	1. 이야기의 내용을 완전히 암기할 필요가 없다.
2. 어떤 사람이 이야기를 들려준다는 경험만으로도 학생들에게 강한 영향을 끼칠 수 있다.	2. 영어를 하다가 문장이 틀리거나 실수하는 부분에 대해 걱정하지 않아도 된다.
3. 낭독보다 이해가 빠르다.	3. 교사가 이야기를 읽어줄 때 학생들은 정확히 같은 이야기를 항상 듣게 되므로 다음에 나올 이야기를 예측하는 데 도움이 된다.
4. 이야기할 때 되풀이 하는 것이 자연스럽고 교사는 학생들의 얼굴과 태도를 볼 수 있어 학생들의 반응에 쉽게 대처할 수 있다.	4. 책이 흥미로운 것이라는 생각을 하게 하는 원천이 되고 읽기를 장려한다는 것을 실재로 보여주게 된다.
5. 교사는 의미가 강조되어야 할 부분에서 효과적으로 몸짓을 사용할 수 있다.	5. 학생은 그 책에 흥미가 있다면 나중에 빌려볼 수 있다.
6. 교사는 학생들이 알고 있다고 생각되는 언어 표현을 사용할 수 있다.	6. 책에 나온 그림들은 학생의 이해를 돕는 데 도움을 준다.

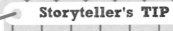

Storyteller's TIP

1. 천천히 스토리텔링을 해주되 극적인 감정을 넣어 읽어준다.

2. 계속적으로 아동의 눈을 바라보며 읽어줘야 한다.(eye contact) 아동이 구연 중 딴생각을 하는 경우 아동의 시선을 동화 듣기에 집중시킨 후 다시 읽어준다.

3. 교사는 책을 읽을 때 책 높이를 고려해야 한다. 고개를 들고 목소리가 널리 퍼지게 하여 교실 뒷쪽의 아이들도 들을 수 있도록 한다. (책으로 입이나 얼굴, 마이크 등을 가리지 않는다)

4. 동화를 읽으며 적절하게 움직이는 것은 내용 이해에 도움이 되지만, 너무 산만하게 움직이는 것은 집중에 방해된다.

5. 동화가 길 경우 내용 이해를 해치지 않는 선에서 재미있거나 중요한 문단을 발췌하여 읽어준다.

6. 동화를 읽어주다가 흥미 있는 부분에서는 멈추는 것도 동화내용을 전달하는 방법이 될 수도 있다. 독서 후 여운을 남겨주기 때문이다.

7. 읽는 것을 멈추고 그림을 보여주면서 모든 아동이 그림을 볼 수 있는지 혹은 잘 몰입하여 듣는지 점검한다.

8. 스토리텔링을 하다가 종종 설명을 더하거나 아이들의 생각을 물어본다.

Q1 스토리텔링의 효과로 적절하지 않은 것은?

① 듣기와 말하기 실력이 향상된다.

② 자연스러운 환경에서 영어에 지속적으로 노출된다.

③ 또래 연령대의 영미권 아이들이 쓰는 어휘를 습득한다.

④ 영어 테스트에서 만점을 받을 수 있다.

⑤ 분석단계를 거치지 않고 언어 그대로 받아들인다.

Q2 낭독과 동화구연 중 낭독을 잘 설명한 것은?

① 학생들은 교사가 이야기를 하고 있다고 느낄 수 있다.

② 책 읽기가 흥미로운 것이라는 것을 깨닫게 해주고, 책 읽기를 장려하게 한다.

③ 이해가 빠르다.

④ 강조되어야 할 부분에서 효과적으로 몸짓을 사용할 수 있다.

⑤ 교사는 학생들이 알고 있다고 생각되는 언어표현을 사용할 수 있다.

영어 동화책의 좋은 점

영어가 공식적으로 교과과정으로 채택된 후 효과적으로 영어를 배우는 다양한 방법과 연구가 있어왔다. 그러나 교실에서만 영어를 배우는 EFL^{English as a Foreign Language} 상황에서는 많은 어려움이 있다. 1997년 초등학교에 처음으로 영어가 정식 교과목으로 채택되기까지도 한국의 영어교육은 알파벳이 먼저였다. 자연스럽게 듣고, 말하기를 배우기 전 글자부터 배우는 교육은 중학교, 고등학교, 심지어 대학을 졸업한 10년의 시간에도 의사소통을 위해 말 한마디 하기도 힘들다 해도 과언은 아닐 것이다. 그러다 어느 나라에서나 어린 연령대 아이들이 자연스럽게 말을 하는 것과 어른들이 책을 읽어주는 것에 착안하여 영어 동화에 관심을 갖게 된 것은 당연한 결과가 아닌가 싶다.

'언어를 가장 잘 구사한 것이 문학이다'라는 말은 아동에게 문학작품이 훌륭한 언어학습의 자료가 된다는 것을 암시한다. 앤드류 라이트는 동화책에 대해 다음과 같이 말하고 있다.

첫째, 아동들은 이야기에 대해 지속적이고 본능적인 욕구를 가지고 있고, 좋아하는 이야기는 되풀이하여 들어도 싫증내지 않는다.

둘째, 아동들은 내용을 빨리 알고자 하는 분명한 목적을 가지고 듣게 된다. 이야기 속에서 의미를 발견하게 되면, 이해능력에 보상을 받게 되어 이해능력을 더 향상시키려는 강한 동기를 갖게 된다.

셋째, 모국어 습득과정에서 가장 중요한 능력인 모르는 단어가 섞여 있는 말의 흐름을 쫓아가며 이해하는 능력, 즉 이해기능의 유창성을 기르는 데 적절한 학습방법을 제공한다.

넷째, 말하기와 쓰기의 유창성을 형성해 준다.

다섯째, 외국어에 대한 전반적인 '감'과 '음'을 인식하는 데 도움을 준다. 즉, 되풀이하여 읽는 과정에서 자연스럽게 새로운 언어항목을 저장해 간다.

여섯째, 동화를 듣거나 읽고 나면 말하기, 쓰기, 연극, 음악, 그림 등을 통해 표현하고자 하는 의사소통의 욕구를 가지게 된다.

일곱째, 책은 범교과과정을 두루 포함하고 있다.

영어를 쉽게 배우기 위한 방법으로서 영어 동화책을 사용하는 이유로, 첫째 모국어를 배우듯 문화와 관습을 스토리 북을 통해 하나씩 습득해 나갈 수 있다Learn English step by step. 난이도가 있는 책을 단계별로 읽어나가므로 습득의 영역을 한 계단씩 올릴 수 있다.

둘째, 일상적인 표현으로 구성된 동화를 통해 생생한 표현을 익힐 수 있다Composed of very practical, everyday English. 동화를 통한 영어공부는 학습이라는 개념보다 재미있고 즐거운 책 읽기라는 개념이 앞선다.

셋째, 동화책은 지리, 과학, 수학, 역사, 철학 등과 같은 다양한 영역에서 아이들의 인지, 분석능력을 개발시킬 수 있다Development the children's powers of awareness, analysis. as well as relating to other aspects of curriculum. 억지로 외우는 것이 아니라, 영어 동화를 통하여 다양한 문화와 역사를 간접 체험할 수 있다.

넷째, 동화책은 아이들에게 책 읽기에 대한 동기부여를 해준다Motivation to read. 스토리텔링 후 자신이 관심 있게 들은 동화라고 한다면 스스로 읽고자 하는 마음이 생길 수 있다.

다섯째, 동화를 통해 유창한 읽기능력을 얻을 수 있다be able to acquire fluency. 스토리텔링을 통해 언어의 네 가지 영역인 듣기, 말하기, 읽기, 쓰기의 영역까지 확장할 수 있다.

마지막으로, 가장 중요한 것은 동화를 통해 무엇이 옳은 것인지에 대한 판단과 사회 윤리, 아름다운 언어, 아름다운 삶에 대한 가치관을 심어줄 수 있다Learn to have good ethics and see the beauty of life.

Q3 다음 중 영어 동화책의 장점이 아닌 것은?

① 글과 그림이 일치되어 정서교육에 좋다.
② 역사와 문화를 간접 체험할 수 있다.
③ 책을 읽어줌으로써 저절로 익히게 하는 효과가 있다.
④ 일찍부터 저렴하게 영어공부를 시킬 수 있다.
⑤ 때와 장소를 가리지 않고 읽어줄 수 있다.

Storyteller's TIP

영어 동화책의 좋은 점과 관련된 적절한 동화를 소개합니다.

1. 재미있게 영어를 익힐 수 있다.

The haunted house *By Piter Lippman*

Squishy turtle and friends *By MACMILLAAN*

2. 다양한 상상력, 창의력을 키울 수 있다.

The little, the red ripe strawberry and the big hungry bear
      By Don & Audrey wood

Look alikes Christmas *By Joan Steiner*

3. 자연스러운 문자 교육이 가능하다.

Dr. Seuess's ABC *By Dr. Seuess*

4. 다른 과목(미술, 과학, 수학 등) 연계수업이 가능하다.

Eight silly monkeys *By Steve Haskamp*

The hungry caterpillar *By Eric Carle*

5. 철학적 사고가 가능하다.

The true story of the little pigs *By Joh Scieszka*

Draw me a star *By Eric Carle*

6. 완벽한 문장을 익힐 수 있다.

Have you seen my duckling? *By Nancy Tafuri*

Brown bear, brown bear, what do you see? *By Bill Martin*

7. 역사와 문화를 간접 체험할 수 있다.

Itch, itchy chicken pox *By Grace Maccarone*

좋은 동화책을 선택하는 요령

지금까지 동화책을 활용한 수업이 영어교육에 어떻게 긍정적인 영향을 미치는지 알아보았다. 이제는 어떤 책을 고르는 것이 좋은지 선정기준을 살펴보고자 한다.

첫째, 아동이 어리거나 영어를 늦게 시작했다면 그 시작이 영어 나이임을 인정하고 그림이 많고 글이 적은 것을 선택한다. 사실, 말은 쉽고 이해되지만, 행동은 별개이다. 한 번 영어책을 구입하여 영어공부를 시작하고자 마음먹은 이상 많은 것을 가르쳐주고 싶은 욕심이 생겨나서 아동의 수준에 비해 글밥이너무 많은 책을 선택하는 경우가 종종 있기 때문이다. 아이가 어릴 때에는 손바닥 만큼 작은 크기의 책에 글자 없이 과일만 그려 있거나 과일 그림 아래에 오직 '사과'라고만 쓰인 책을 아이 손에 쥐어주며 읽어줬던 것을 떠올리면서 마음을 비우는 것이 필요하다. 플랩 북flap book, 장난감책toy book, 촉감책feel & touch book, 입체책pop-up book 등은 초보 학습자에게 적당하다.

둘째, 글과 그림이 일치하는 책이다. 글자를 모르는 아이들은 먼저 그림에 눈이 가게 되어 있다. 그래서 좋은 동화책은 글의 내용을 그림이 잘 담고 있어야 한다. 사실 영어 동화책은 매년 가장 뛰어난 어린이 그림책의 삽화를 그린 사람을 선정하여 상을 주기도 한다. 그중 미국도서관협회ALA에서 선정하는 칼데콧상Caldecott Honor은 '그림책의 노벨상'이라고 불릴 만큼 권위 있는 상이다. "영예 도서The Honor Books"라고 부르는 수상작Medal 외에 주목을 끄는 작품들을 제시하는데, 이 또한 훌륭한 책이다.

셋째, 예측 가능한 내용이 있는 책이 좋다. 예를 들어 《아기 돼지 3형제》에서 첫째 돼지가 등장했다면 '둘째도 등장하겠구나', '셋째에 대한 이야기도 묘사하겠네'라는 식으로 예측할 수 있다. 이렇게 예측이 가능한 책은 스토리를 듣는 아동을 더욱 책에 몰두하게 만들고, 읽고 싶다는 동기를 더 부여하게 만든다.

넷째, 운율이 있거나 반복되는 문구가 있는 책이 좋다. 낸시 태퍼리Nancy Tafuri

의 《Have you seen my duckling?》이란 동화에서는 "Have you seen my duck-ling?"이란 표현이 계속 반복된다. 실재 아동을 지도하다 보면, 거의 모든 아동들이 이 책을 스토리텔링 후 한동안 이 표현을 입에 달고 산다고 할 정도 자주 응용한다. 문법구조를 따진다면 다소 어려울 수 있지만, 반복되는 문구와 뛰어난 삽화가 아이들에게 잘 각인되었기 때문이다.

마지막으로 아동을 서점으로 데리고 가서 직접 고르게 하는 것도 좋은 방법이다. 아동은 자기가 선택한 책을 소유하며 더욱 애착을 느끼게 되기 때문이다.

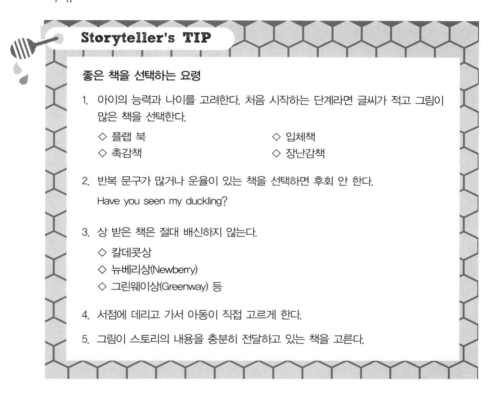

Storyteller's TIP

좋은 책을 선택하는 요령

1. 아이의 능력과 나이를 고려한다. 처음 시작하는 단계라면 글씨가 적고 그림이 많은 책을 선택한다.
   - ◇ 플랩 북
   - ◇ 촉감책
   - ◇ 입체책
   - ◇ 장난감책

2. 반복 문구가 많거나 운율이 있는 책을 선택하면 후회 안 한다.
   Have you seen my duckling?

3. 상 받은 책은 절대 배신하지 않는다.
   - ◇ 칼데콧상
   - ◇ 뉴베리상(Newberry)
   - ◇ 그린웨이상(Greenway) 등

4. 서점에 데리고 가서 아동이 직접 고르게 한다.

5. 그림이 스토리의 내용을 충분히 전달하고 있는 책을 고른다.

Q4 좋은 동화선정의 기준이 아닌 것은?

① 처음 시작하는 동화라면 그림이 많고 글이 적은 것을 선택한다.
② 아동이 서점에서 직접 선택하게 한다.
③ 상을 받은 책을 선택한다.
④ 교훈적인 내용이 아주 많은 책을 선택한다.
⑤ 글과 그림이 일치하는 동화를 선택한다.

5 장르별 분류

1) 개념에 관한 책(Concept books)

색깔, 모양, 크기, 반대말, 공간적 개념 등에 대한 이해를 강화시켜 인지발달에 도움을 주는 책이 대부분이다. 대부분 줄거리는 없지만, 상대적으로 쉬운 개념부터 추상적 개념에 이르기까지 반복, 섬세한 묘사 등을 사용하여 인지발달뿐 아니라 책 자체를 즐기는 기쁨을 준다.

Is it Red? Is it yellow? Is it Blue? *By Tana Hoban*

Freight Train *By Donald Crews*

We hide, we seek *By Jose Aruego, Ariane Dewey*

2) 알파벳에 관한 책(Alphabet Books)

글자와 소리와의 관계를 인지시키고 어휘를 확장하는 데 도움을 준다. 단순히 글자를 가르쳐 주는 것 외에도 주변 사물의 이름을 알게 해주고, 읽고 쓰는 능력을 기르는 데 도움을 준다.

Alphabatics *By Suse MacDonald*

On Market Street *By Arnold Lobel, Anita Lobel*

I spy : An Alphabet in Art *By Lucy Micklethwait*

Chicka chicka Boom Boom *By Bill Martin Jr. John Archambault, Lois Ehlert*

3) 장난감책(Toy Books)

0~3세 영아기 아이들이 어휘, 숫자, 색깔 등 새롭게 인지하기 시작한 개념

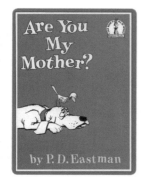

을 쉽게 이끌어내는 책이다. 흥미 유발을 위해 주로 장난감처럼 가지고 놀 수 있도록 만들어지며 그림이 튀어나오는 입체책, 헝겊책cloth books, 비닐 커버로 된 책plastic books 등이 있다.

In and Out, Up and Down *By Michael J. Smollin*

Dinosaurs *By Robert Greisen, Dawn Bentley*

Are You My Mother? *By P.D. Eastman*

4) 숫자에 관한 책(Counting Books)

숫자에 관한 책에는 1부터 10까지 숫자를 나타내는 간단한 책부터 풍부한 상상력으로 숫자 모양을 그려내거나 줄거리가 전개되는 등 다양한 종류의 책들이 있다. 덧셈, 뺄셈 등 사칙연산을 가르쳐주는 책들도 여기 해당한다.

1 Hunter *By Pat Hutchins*

1,2,3 To the Zoo *By Eric Carle*

Five Little Monkeys Jumping on the Bed *By Eileen christelow*

Inch by Inch *By Leo Lionni*

5) 글 없는 그림책(Wordless books)

아이들은 글 없는 그림책을 보며 이야기 작가가 되는 즐거움을 맛본다. 이런 책들은 이야기의 실마리를 풀어가며 상상할 수 있는 여지를 많이 주어 창의적인 사고를 하게 하는 장점을 갖고 있다.

Pancakes for Breakfast *By Tomie dePaola*

Tuesday *By David Wiesner*

The Snowman *By Raymond Briggs*

6) 전래 동요(Mother Goose)

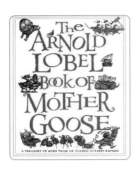

　구수한 할머니의 목소리로 전해 들으며 행복해했던 이야기가 영미권에도 있는데, 바로 전래 동요이다. 너서리 라임Nursery Rhymes은 오래 전부터 전해 내려오는 민요, 그리고 속담 등으로 구성되어 있으며 마더구스Mother Goose보다 더 광범위한 개념으로 사용되고 있다.

Nursery Rhyme Classics *By Kate Greenaway*

The Arnold Lobel Book of Mother Goose *By Arnold Lobel*

Tomie dePaola's Mother Goose *By Tomie depaola*

7) 지식을 전달하는 책(Information Books)

　자연현상에서부터 생활문화까지 다양한 분야의 지식을 전달해 주는 책이다.

The Popcorn Book *By Tomie dePaola*

Thanksgiving Day *By Gail Gibbons*

Q5 글자와 소리의 관계를 인지시키고 어휘를 확장하는 데 도움을 주며, 읽고 쓰는 능력을 기르는 데 도움을 주는 동화를 장르별로 분류한다면 어느 부분에 해당하는가?

① toy books(장난감책)

② concept books(개념에 관한 책)

③ counting books(숫자에 관한 책)

④ mother goose(전래 동요)

⑤ alphabet books(알파벳에 관한 책)

연령에 따른 동화 지도법

연령별 그림책은 스위스 교육학자인 피아제^{Piaget}의 인지발달이론을 참조하였으며 아동들의 언어발달은 성별, 연령별에도 상당한 차이가 있으므로 잘 판단하여 책을 골라주어야 한다.

1) 감각동작기(태어나서 2세까지)

① 1단계(1개월 미만)

② 2단계(1-4개월)

③ 3단계(4-6개월)

④ 4단계(8-12개월)

⑤ 5단계(12-18개월)

⑥ 6단계(18-24개월)

2) 전조작기(2-7세)

① 1단계(24-36개월)

② 2단계(36-48개월)

③ 3단계(48-62개월)

3) 구체적 조작기(7-12세)

1) 감각동작기(태어나서 2세까지)

소리나 빛 등 외부자극에 즉각 반응하며, 손가락을 빠는 운동을 통해 주위 세계를 탐색하는 시기이다.

① 1단계(1개월 미만)

손에 닿는 것은 모두 입에 넣는 시기이다. 이 시기에는 글자가 크고 명확하며 간단명료한 그림으로 색감이 대조적이고 형태가 있는 책이 좋다.

Black on white *By Tanna Hoban*

We sing Nursery Rhymes and Lullabies *Adpt. Pamela Conn Beall, Susan Hagen Nipp*

② 2단계(1-4개월)

똑같은 행동을 반복하는 시기로 책장을 넘기기는 어렵다. 빨거나 깨무는 시기이므로 물어뜯어도 괜찮은 책이 적합하다. 목욕할 때 갖고 노는 목욕책bath book, 포근한 느낌을 주는 헝겊책, 인체에 무해한 보드북이 적당하다.

Scrub-A-Dub-Dub! *By Joanne Barkan, Sharon Holm*

Ocean Animals: A Tiny Teether *By Melanie Walsh*

③ 3단계(4-6개월)

사물의 움직임에 따라 눈을 움직이는 시기, 사물이 보이지 않으면 더 이상 관심을 보이지 않는다. 까꿍놀이를 하며 특히 거울 보는 것을 좋아하기 시작하는 시기다. 이 시기 아이들이 보는 책 역시 테두리를 동그랗게 굴린 보드북이나 인체에 해롭지 않은 페인트로 제작된 것이어야 한다.

Smile! *By Roberta Grobel Intrater*

Mother Goose Songs(Play-A-Song Series) *By Jane Maday & Kathy Wilburn, Tammie Speer Lyon*

④ 4단계(8-12개월)

손가락을 이용해 물건을 잡을 수 있으며 책장을 넘길 수도 있다. 완벽하지는 않지만 단어도 몇 개 정도는 말할 수 있다. 책 내용에 관심을 갖기 시작하며 관심 있는 책은 반복해서 보기 시작한다. 친숙한 사물들이 나와 있는 장

난감 같은 책이나 시각적, 청각적 흥미유발이 잘 되도록 운율과 리듬이 잘 맞는 책이 좋다.

I See *By Helen Owenbury*(시리즈 *I Touch, I Can, I Hear*)

Baby's First Words *By Lars Wik*

Doll and Teddy *By Janet Ahlbert, Allan Ahlberg*

⑤ 5단계(12–18개월)

간단한 소리나 동작을 모방하는 시기이다. 거울에 비친 자신의 모습을 인식하기 시작하며 간단한 악기 등을 가지고 논다. '엄마' '아빠' '아니' 등 몇몇 단어나 친숙한 사물의 이름을 말하고 한 단어로 된 문장을 사용할 수 있다.

Blue Pram *By Janet Ahlberg, Allan Ahlberg*

Good Night, Gorilla *By Peggy Rathmann*

Moo, Moo, Peekaboo! *By Jane Dyer*

⑥ 6단계(18–24개월)

자신과 다른 사람을 구별하는 시기로 두 단어의 문장을 말할 수 있으며 사람이나 동작에 관한 단어들을 사용한다. 몇몇 단어를 섞어 노래하기 시작하며 전래 동요나 손 유희를 즐긴다. 동물들과 울음소리, 그림과 실제 사물을 연결지어 생각할 수 있으며 짧은 이야기를 잘 듣는다. 이 시기에는 친숙한 사물들이 크고 간단명료하게 그려진 책들을 바꾸어가며 다양하게 읽어주면 좋다. 책장을 한 장씩 넘길 수 있도록 하드커버나 보드북이 좋다. 책을 쉽게 찾을 수 있는 장소에 놓아두면 더 좋다.

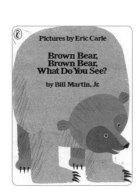

Little Chick *By Stewart Cowley, Susi Adams*

Good Night, Sleep Tight *By Donatella Bazzucchi*

Truck *By Donalds Crews*

Brown Bear, Brown Bear, What Do You See? *By Bill Martin Jr, Eric Carle*

2) 전 조작기 (2-7세까지)

① 24-36개월

● 언어발달 특징

- 친숙한 물건과 그림의 이름을 말할 수 있다.
- 소유를 나타내는 말을 할 수 있다.
- 30-36개월 정도에는 반대말을 이해하기 시작한다.
- 쉬운 노래의 일부분을 따라 부른다.
- 세 단어가 들어간 문장을 말할 수 있다.
- 이야기하는 것을 도와줄 수 있다.

● 그림책의 이해

- 그림에 대한 호기심이 증가하며 책 속의 그림을 잘 이해한다.
- 그림과 함께 5분에서 10분 정도 이야기를 들을 수 있다.
- 말하는 것을 책에서 찾아 가리킬 수 있다.
- 반대어가 들어간 책을 이해한다.
- 관심을 갖는 책이 생기며 같은 책을 반복해서 보는 것을 좋아한다.
- 반복적인 문장과 운율, 리듬이 있는 그림책을 좋아한다.

Whose Baby Am I? *By John Butler*

Where's Spot? *By Eric Hill*

Rosie's Walk *By Pat Hutchins*

Have You Seen My Duckling? *By Nancy Tafuri*

② 36-48개월

● 언어발달 특징

- 방금 전에 했던 동작들을 조금씩 말할 수 있다.
- 짧은 문장으로 이야기한다.
- 42-48개월 아이들은 친구들과 이야기하며 논다.
- 간단한 노래와 손가락 놀이를 한다.

– 숫자 1부터 5까지 셀 수 있다.
- 그림책의 이해
    – 비교 개념에 관한 간단한 책을 고른다.
    – 줄거리가 단순하고 그 다음 내용을 예측할 수 있는 책을 고른다.
    – 상상과 모험의 세계가 그려진 책을 고른다.
    – 색깔과 모양에 대한 개념이 들어 있는 책을 고른다.
    – 소그룹 안에서 책을 읽어주면 알아듣는다

Blue Sea *By Rovert Kalen, Donald Crews*

The Very Hungry Caterpillar *By Eric Carle*

The Snowy Day *By Ezra Jack Keats*

Go Away, Big Green Monster! *By Ed Emberley*

③ 48-62개월

- 언어발달 특징
    – 1,500단어 이상을 사용하여 말할 수 있으며 질문을 많이 한다.
    – 여러 가지 색깔과 반대개념의 말을 할 줄 안다. 노래, 춤, 챈트 등을 반복적으로 즐긴다.
    – 숫자 1부터 10까지 셀 수 있다. 위치에 대한 개념을 이해한다.
    – 자기 이름을 불분명하게 쓰며 간단한 단어 몇 개를 쓸 수 있다.
    – 사과하는 말을 하거나 나쁜 일을 한 아이를 지적하며 말할 수 있다.
- 그림책의 이해
    – 책을 바르게 놓을 줄 안다.
    – 환상 그림책, 유머와 모험이 넘치는 책을 좋아한다.
    – 권선징악이 주제가 되는 전래동화를 고른다.
    – 질문을 많이 하는 시기이므로 그림사전을 준비한다.
    – 자아에 관한 책을 고른다.
    – 주위 가까운 사람들과의 관계를 알 수 있는 책을 고른다.

Seven Blind Mice *By Ed Young*

Swimmy *By Leo Lionni*

3) 구체적 조작기(7-12세까지)

이 시기에는 혼자서도 책을 읽기 시작한다. 이때는 다른 사람과 학교, 사회와 관련된 책, 논리적 사고를 돕는 책, 여러 분야의 지식을 알려 주는 책, 역사, 전기 등에 관한 책 등을 권한다.

① 6-7세 영어동화 교육법
● 유아가 6-7세가 되면 본격적인 책 읽기에 도전할 수 있다.
● 이때는 한글도 웬만하게 읽고 쓸 수 있기 때문에 영어도 다양하게 접해 주면 좋다.
● 우리 뇌의 언어습득 장치도 이 시기에 가장 활발하게 작동한다.
● 언어는 인간의 본능에 의한 도구이므로 아동들은 이미 모국어에서 습득한 언어의 원리를 거의 모든 언어에 적용하여 비교·분석·조합하면서 자연스럽게 터득한다.
● 빠른 아이들은 4-5세에도 한글을 마치고 책 읽기가 가능하므로 아이의 능력에 맞게 시작하면 된다.
● 파닉스 동화
  - 쉬운 그림동화로 파닉스 동화들이 소개된다.
  - 파닉스 동화를 보며 기본 자음들이 가진 소리를 익힐 수 있고 파닉스 동화에 첨부된 워크시트와 플래시 카드를 활용하면 재미있고 효과적으로 학습될 수 있다.
● 플래시 카드 활용법
  - 플래시 카드 뒷면에 두꺼운 종이를 붙여 사용하면 쉽게 구겨지거나 찢어지지 않는다. 코팅을 하면 더 편리하게 사용할 수 있다

- 아동의 눈길이 자주 가는 곳에 카드를 붙여 놓고 단어에 익숙해 질 수 있도록 한다.
- 사용한 플래시 카드는 비닐팩이나 지퍼백에 넣어 보관하면 쉽게 잃어 버리지 않아 영어학습 시 유용하게 사용할 수 있다.
- 시간이 날 때마다 플래시 카드를 활용해 다양한 게임을 하며 아동이 많은 영어단어에 자연스럽게 익숙해지도록 한다.
- 아동이 단어에 익숙해지면 플래시 카드를 가지고 문장 만들기를 해 볼 수도 있다.

② 6-7세 추천도서

● 《Do not Open the door》: 알파벳 'D/d'가 내는 소리
- 대문자 D와 소문자 d를 읽고 쓰며 알파벳 'D/d'의 모습을 익힌다.
- 여러 알파벳이 그려진 워크시트를 나눠준 뒤 "D/d"를 찾아 색칠하도록 한다.
- 플래시 카드를 준비해 하나의 알파벳으로서의 'D/d'가 아닌 단어 속에서 'D/d'를 찾아보게 하고 각각의 단어를 큰소리로 반복해서 읽어보게 한다.
- 완성한 그림이 무엇인지 플래시 카드를 통해 익혔던 단어들 중 찾아 말해 보게 한다.
- 다시 한 번 더 플래시 카드를 가지고 각각의 단어들을 읽어보게 하고, 짚은 단어들을 어린이가 읽어볼 수 있도록 한다.
- 동화와 플래시 카드를 보며 익혔던 단어들 중 'D/d'로 시작하는 단어의 그림을 찾아 주인공 어린이가 사슴을 찾을 수 있도록 워크시트를 완성하게 한다.
- 어린이가 워크시트를 완성하고 난 후, 각각의 그림을 손으로 짚으며 단어를 말하게 한다.
● 《Joyful Jill and Jolly Jack》: 알파벳 'J/j'가 내는 소리
- 대문자 J와 소문자 j를 읽고 쓰며 알파벳 'J/j'의 모습을 익힌다.

- 문장들 속에서 'J/j'를 찾아 동그라미를 치며 위에서 읽고 쓰며 익혔던 알파벳 'J/j'를 한 번 더 다른 알파벳들과 구별하며 인지할 수 있도록 한다.
- 플래시 카드를 준비해 하나의 알파벳으로서의 'J/j'가 아닌 단어 속에서 'J/j'를 찾아보게 하고 각각의 단어를 큰소리로 동화를 따라 반복해서 말하도록 한다.
- 1번째 워크시트를 다시 준비하여 나열한 문장들을 천천히 읽어보며 'J/j'가 가진 소리의 특징을 익힐 수 있도록 한다.
- 위에서 사용했던 플래시 카드를 준비해 바닥에 넓게 펼쳐 놓고 지명한 단어를 찾아 찾은 카드를 보이며 그 단어를 큰 소리로 말해 보게 한다.
- 두 번째 워크시트를 준비하여, 'J/j'로 시작하는 단어들을 찾아 오리고 비어 있는 주머니 속에 풀로 붙여 채우게 한다.
- 완성된 두 번째 워크시트를 보며 주머니에 들어 있는 단어들을 말하게 하고 주머니 속에 들어갈 수 없었던 단어들은 무엇인지 말하고 그 이유를 말해 보게 한다.
- 《What Can a Cat Do?》: 알파벳 'C/c'가 내는 소리
  - 대문자 C와 소문자 c를 읽고 쓰며 알파벳 'C/c'의 모습을 익힌다.
  - 플래시 카드를 준비해 하나의 알파벳으로서의 'C/c'가 아닌 단어 속에서 'C/c'를 찾아보게 하고 각각의 단어를 큰 소리로 엄마나 동화를 따라 반복해서 말하도록 한다.
  - 첫 번째 워크시트 아래 그림에서 'C/c'로 시작하는 단어를 찾아 색칠하고 그 단어들을 말해 보도록 한다.
  - 두 번째에 동그라미 쳐지지 않은 그림들은 무엇이며 어떤 알파벳으로 시작하는지 말해 보게 한다.
  - 두 번째 워크시트를 인쇄하여 쓰인 문장들을 반복해서 읽고 각 문장이 가진 뜻을 동화를 보며 익혀 보도록 한다.
  - 두 번째 워크시트 아래 그림들을 선을 따라 오리고 각 문장에 알맞

은 그림을 빈 네모 칸에 풀로 붙이고 그림에서 보이는 고양이의 행동을 보며 말해 보게 한다.

- 위에서 사용했던 플래시 카드를 준비해, 바닥에 넓게 펼쳐 놓고 엄마가 지명한 단어를 찾아 엄마에게 찾은 카드를 보이며 그 단어를 큰소리로 말해 보게 한다.

● 《What Could It 'B'?》: 알파벳 'B/b'가 내는 소리

- 두 번째, 세 번째 워크시트를 준비해 인쇄하고 각각의 대문자 'B'와 소문자 'b'를 읽고 쓰며 "B/b"의 모습을 익히도록 한다.
- 플래시 카드를 준비해 하나의 알파벳으로서의 'B/b'가 아닌 단어 속에서 'B/b'를 찾아보게 하고 각각의 단어를 큰 소리로 동화를 따라 반복해서 말하도록 한다.
- 두 번째, 세 번째 워크시트 아래 그림의 점들을 선으로 연결하여 완성하고 무슨 그림인지 말해보게 한다.
- 첫 번째 워크시트를 인쇄하여 흐리게 쓰인 각각의 단어를 읽으며 써 보고 그것에 맞는 그림을 찾아 선으로 연결해 보게 한다.
- 첫 번째 워크시트가 완성되면 각각의 문장을 함께 큰 소리로 읽어 본다.

Q6 잃어버린 아기오리를 찾아나서는 엄마의 마음을 표현한 동화로 다양한 인간들의 군상을 엿볼 수 있는 동화는?

① In and out

② School bus

③ Have you seen my duckling?

④ Quick as a cricket

⑤ Whose tale?

Q7 피아제가 제시한 인지발달 단계에 대해 말해보세요.

7 너서리 라임 대 마더구스

Nursery Rhyme
vs.
Mother Goose

1) 너서리 라임이란

어린이 시children's poetry의 한 장르로, 브리태니커 사전에 따르면 '전례적으로 어린 아이들에게 이야기로 들려주거나 노래로 불러주는 시'란 뜻으로 어린이들을 위해 만들어진 알파벳 노래, 자장가, 아기들을 즐겁게 해주는 간단한 놀이와 함께 불러주던 노래 등을 지칭하는 것이다.

2) 너서리 라임의 기원

《The Oxford Dictionary of Nursery Rhymes[1951, Iony & Peter Opie]》에 의하면 10%는 18세기 이후나 기원을 알 수 없을 정도 오래되었고, 40%는 18세기 이전, 50%는 200~400년 전에 만들어진 것으로 나타났다.

3) 너서리 라임의 특징

대다수가 작자와 그 출처를 알 수 없지만 사람들의 입에서 입으로 짧게는 몇 백 년에서 길게는 천 년 이전부터 내려오는 구전 전통oral tradition을 가지고 있다.

4) 너서리 라임은 비교육적이다?

아이들을 위해 쓰인 것을 제외한 너서리 라임 중 상당수는 민요ballad, 기도 문, 속담, 길거리에서 떠도는 이야기 등에서 유래되어 아이들이 부르기에는 부적절한 것이 많을 수밖에 없었다. 살인, 교사, 동물 학대, 고문 등의 내용으로, 아이들이 부르기에 부적절하다고 일찍이 1641년 조지 위더George Wither가 지적하기도 했다.

5) 너서리 라임이란 용어의 등장

1815년 영국의 〈British Review〉또는 1824년 스코틀랜드의 〈Blackwood's Edinburgh Magazine〉에서 쓰인 것이 처음으로 알려져 있다. 그 이전에는 라임을 어른들의 노래와 구분없이 'ditty', 'song', 'jingle'로 지칭했으며, 18세기에는 fairy tale전래 이야기의 등장인물 Tommy Thumb의 이름을 따서 'Tommy Thumb's song'이나 'Mother Goose' 등으로 불렀다.

6) 너서리 라임이라는 용어의 사용이 확대된 시기

'반짝 반짝 작은 별twinkle twinkle little star'이란 시로 잘 알려진 제인 테일러Jane Taylor, 1783-1824, 앤 테일러Ann Taylor, 1782-1866 자매가 《Rhymes for the Nursery》라는 어린이 라임을 담은 시집을 발표하면서 너서리 라임에 관한 관심을 높였을 뿐만 아니라, 용어사용을 보편적으로 확대시켰다.

7) 마더구스의 등장

용어의 기원은 일반적으로 1650년 중엽 프랑스의 로레Loret의 〈La Mvze Historique〉 중에서 'Contes de Ma Mere Loye'Like a Mother Goose story라는 구절에서 쓰인 것이 최초로 알려져 있다. 사실 마더구스가 더 먼저 등장했으나 간헐적으로 사용되었을 뿐 깊게 뿌리내리지는 못했다. 단지 미묘한 자존심으로 영국에서는 너서리 라임이, 미국에서는 마더구스가 더 일반적으로 사용된다.

8) 너서리 라임의 분류

① counting-out rhyme 또는 dipping rhyme술래 정하기 라임

② riddle수수께끼 라임

③ infant amusement아기들을 즐겁게 해주기 위한 라임으로 신체 부위를 가르쳐주는 노래가 많다

④ song lullaby자장가나 ballad민요

⑤ memory rhyme암기 라임: 알파벳, 숫자, 요일 학습 등 교육목적에서 만들어진 라임

⑥ proverb속담

⑦ moral lesson 또는 old saying도덕적 교훈이나 아주 오래된 옛사람들의 지혜를 담은 경구

⑧ nonsense비상식인 논리를 담은 엉뚱하며 재미있는 라임

⑨ superstition미신

⑩ divination rhyme 또는 fortune-telling rhyme운수나 이성의 마음을 점쳐보는 라임

Q8 너서리 라임에 대한 설명 중 관계가 없는 것은?

① 어린이 시의 한 장르로 어린 아이에게 이야기로 들려주거나 노래로 불리는 시를 의미한다.

② 어린이들을 위해 만들어진 알파벳 노래, 자장가, 아이들을 즐겁게 해주는 간단한 놀이와 함께 불러주는 노래를 의미한다.

③ 보통 라임이라고 불린다.

④ 대부분 출처를 알 수 없고 구전 전통을 가지고 있다.

⑤ 너서리 라임이라는 용어는 앤 테일러가 처음으로 사용하였다.

잔인한 너서리 라임?

"My mother has killed me.

My father is eating me.

My brothers and sisters sit under the table,

Picking up my bones, and they …."

"엄마가 나를 죽였다.

아빠가 나를 먹고 있다.

여동생이 테이블 아래서 뼈를 주워 비단으로 싸

두송나무 아래 묻었다."

관련된 이야기

이천 년도 더 된 옛날에 어느 부부가 살고 있었습니다. 모든 것을 다 가진 부부에게 단 하나의 걱정은 자식이 없다는 것이었습니다. 집 앞에는 뜰이 있었는데 그곳에는 고목나무가 한 그루 서 있었습니다. 어느 겨울날 나무 밑에서 사과를 깎던 부인은 손가락을 베이고서는 "피처럼 빨갛고 눈처럼 하얀 아이를 가졌으면 얼마나 좋을까…"라고 말했습니다.

그 뒤 일곱달이 지나 고목나무 열매가 열렸을 때 부인은 '탐욕스럽게' 열매들을 먹었습니다. 그러나 그때부터 부인은 울적해지면서 몸져누웠습니다. 부인은 앓으면서 자신이 죽으면 자신을 향나무 밑에 묻어달라고 부탁을 하였습니다.

두 달 뒤 부인은 피처럼 붉고 눈처럼 하얀 남자아이를 낳았고 부인은 너무나도 감격하여 그만 죽고 말았습니다. 그 뒤에 아버지는 새 여자와 결혼하게 되었습니다. 그 여자는 그 후에 딸을 낳았는데 이름은 마를렌이라고 지었습니다.

새 어머니는 자신의 딸은 극진히 사랑했지만 첫째 아이는 매우 미워했습니다. 재산을 모두 딸에게 주고 싶었던 것이었습니다. 그래서 언제나 아들을 잔인하게 대했습니다. 마구 떠밀고 때렸습니다. 불쌍한 아들은 늘 불안해 하며 피해다녔습니다.

어느 날 새 어머니에게 어린 딸이 다가와 사과를 달라고 했습니다.

새 어머니는 자물쇠가 채워진 무거운 뚜껑의 궤짝을 열고 커다란 사과를 하나 주었습니다. 그런데 마를렌이 오빠에게도 하나 주어도 되냐고 묻자, 새 어머니는 갑자기 큰 아들이 미운 생각이 치밀어 오르는것을 느꼈습니다. 새 어머니는 마를렌에게 "오빠는 학교에 다녀오면 주자."라고 말하고 다시 사과를 빼앗아 궤짝에 숨겨두었습니다. 아들이 돌아오면 사과를 보여주지 않기 위해서죠. 아들이 돌아오자 새 어머니는 상냥하게 사과를 먹지 않겠느냐고 물었습니다. 아들이 먹고 싶다며 그 큰 궤짝 속에 고개를 들이민 순간, 새 어머니는 궤짝문을 세게 내리 닫았습니다. 아들의 목은 잘라져서 사과 속으로 떨어졌습니다. 새 어머니는 아들의 시체를 문 앞 의자에 앉히고 목을 다시 올려놓은 후 하얀 손수건으로 목을 가려 놓았습니다. 그리고 손에는 사과를 하나 쥐어주었죠. 저녁 때가 되어 새 어머니가 큰 솥에다가 물을 끓이고 있을 때 마를렌이 와서 말했습니다.

"엄마, 오빠가 의자에 앉아있는데 얼굴색이 안 좋아요. 사과를 달라고 해도 들은 척도 안 해요."

그러자 새 어머니는,

"다시 가서 말하지 않으면 따귀를 때리렴."이라고 말했습니다.

마를렌은 다시 오빠에게 말을 걸었습니다. 그러나 아무 대답이 없자 화가 난 마를렌은 오빠의 따귀를 때렸습니다.

그 순간 목이 바닥으로 떨어졌고 마를렌은 공포에 질려 어머니에게 달려 갔습니다.

"엄마! 나 때문에 오빠 목이 떨어졌어요!"

그러자 새 어머니는

"이렇게 되었으니까 할 수 없다. 그 애를 끓여 먹자."라고 했습니다.

새 어머니는 소년의 시체를 들어다가 토막토막 썰었습니다.

그리고 물이 끓는 솥에다 넣고 펄펄 끓였습니다. 마를렌은 그 곁에서 계속 울었습니다. 눈물이 솥으로 들어가 소금도 필요 없었습니다. 저녁 때가 되어서 아버지가 들어왔습니다.

아버지는 아들이 어디 있는가를 물었습니다. 새 어머니는 커다란 고깃덩

어리를 아버지 앞에다 놓으면서 아들은 할아버지 집에 갔다고 거짓말을 했습니다. 마를렌은 계속 울고 있었지만 아버지는 저녁을 아주 맛있게 먹었습니다. 뼈에 붙은 살점마저 모조리 발라 먹은 뒤에야 식사를 끝냈습니다.

뼈들은 식탁 밑에 흩어졌습니다. 마를렌은 자신이 가장 아끼는 비단 목도리로 그 뼈들을 싸서 고목나무 아래에 묻었습니다. 그러자 고목나무는 자기 스스로 움직였습니다. 가지 사이에서 연기가 흘러나오더니 그 속에서 예쁜 새 한 마리가 나와 날아갔습니다. 빨갛고 푸른 깃털과 초롱초롱 빛나는 눈을 가진 새였습니다.

마를렌은 오빠가 아직 살아있다는 느낌이 들어 기분이 좋아져서 집으로 돌아와 저녁을 먹었습니다. 한편 날아가버린 새는 금 세공인의 집 앞에 가서 노래를 불렀습니다.

"우리 엄마는 나를 죽였고
우리 아빠는 나를 먹었네.
누이동생 마를렌은 내 뼈를 빠짐없이 추려
곱디고운 비단으로 정성껏 싸서
고목나무 밑에 묻었네.
짹짹 짹짹! 나같이 예쁜 새가 또 어디 있을까?"

금 세공인은 그 노래에 반해서 새에게 다시 한 번 불러달라고 부탁했습니다. 하지만 새는 금목걸이를 주지 않으면 부르지 않겠다고 했습니다. 그러자 세공인은 금목걸이를 주었고 새는 그 목걸이를 오른쪽 발톱에 걸었습니다. 새는 노래를 부르고는 다시 날아가 버렸습니다. 그리고 나서 새는 구두 수선공에게 날아가 아까의 노래를 불렀습니다. 구두 수선공도 노래에 반해서 다시 한 번 불러달라고 부탁했습니다. 새는 대신에 빨간 구두를 달라고 해서 수선공은 그렇게 했습니다. 이번에는 왼쪽 발톱에 빨간 구두를 걸었습니다. 새는 방앗간으로 날아가 노래를 불렀습니다. 그곳에서 일하고 있던 20명의 일꾼들이 모두 그 목소리에 반하자, 새는 맷돌을 달라고 부탁했습니다. 새는 목에 맷돌을 걸고 날아갔습니다.

한편 집에는 아버지, 새 어머니, 마를렌이 앉아 있었습니다.

아버지는 이유는 모르지만 무척이나 행복해 보였고, 반면 새 어머니는 시간이 갈수록 무척이나 불안해 보였습니다. 마를렌은 계속 울고 있었습니다.

새는 날아와서 고목나무 위에 앉아 아까 부르던 노래를 불렀습니다. 새 어머니는 귀를 막고 눈을 감았지만 아버지는 그 노래에 반해 바깥으로 나가려고 하였습니다. 새 어머니가 말렸지만 아버지는 나가셨고 새는 목걸이를 떨어뜨렸습니다. 그 목걸이는 아버지에게 잘 어울렸습니다. 노래를 들은 새 어머니는 죽은 사람처럼 꼼짝하지 않았습니다. 새는 또 다시 노래를 불렀습니다.

"우리 엄마는 나를 죽였고
우리 아빠는 나를 먹었네.
누이동생 마를렌은 내 뼈를 빠짐없이 추려
곱디고운 비단으로 정성껏 싸서
고목나무 밑에 묻었네.
짹짹 짹짹! 나같이 예쁜 새가 또 어디 있을까?"

이번에는 노래 소리에 기분이 좋아진 마를렌이 밖으로 나갔습니다. 새는 빨간 구두를 떨어뜨렸습니다. 마를렌은 빨간 구두를 신고 팔짝팔짝 뛰면서 춤을 추었습니다. 쓰러졌던 새 어머니는 딸의 춤을 보고 정신을 차려 일어났지만, 기분이 좋지 않아 바람을 쐬기 위해 밖으로 나갔습니다. 새는 새 어머니의 머리에 맷돌을 떨어뜨렸습니다. 새 어머니는 그 자리에서 죽게 되었습니다. 연기와 빨간 불꽃이 피어오르고 있었습니다. 연기가 사그러지자 새가 내려앉았습니다. 새는 아버지와 마를렌의 손을 잡았습니다. 셋은 굉장히 행복했습니다. 셋은 집으로 들어가 식탁에 앉아 밥을 먹었습니다.

출처 : http://www.mintpeach.com.ne.kr/

리터러시

Storytelling Technique

일반적으로 리터러시란 읽고 쓸 수 있는 능력을 말하지만, 언어학적으로는 언어와 문자를 바탕으로 한 복합적 사고능력을 요구하는 말을 의미한다. 읽고 쓸 줄 아는 'literate'라고 하고, 그렇지 않은 경우 'illiterate'라고 한다.

> "Literacy is an individual's ability to read, write, and speak in English, and identify, understand, interpret, create, communicate, compute and solve the problems."
>
> – National Literacy Act, 1991

"리터러시란 개인이 영어로 읽고, 쓰고, 말하고, 구별하고, 이해하고, 해석하고, 창조하고, 의사소통하고, 계산하고, 문제를 해결하는 능력이다."

Useful Expression

It's up to you.

You are the boss.

'네 맘대로 해' '네가 결정해'라는 의미로, 아동이 '~해도 돼요?'라고 물을 때 사용할 수 있는 표현이다.

읽기 접근법

1) 파닉스 접근법(Phonics Approach 1950~60년대)

알파벳 26글자와 소리와의 관계를 해독decode하도록 만들어진 접근법이다. 예를 들어 'b' 'a' 'd'의 소릿값을 조합하여 'bad'라고 읽게 되는 것이다. 이 접근법은 책을 통하여 읽는 자신감을 주고 읽기에 대한 동기를 부여한다는 장점이 있으나, 단순한 규칙의 암기와 반복은 흥미를 저하시키고, 읽을 수는 있으나 무슨 의미인지 모르는 단점이 있다.

2) 총체적 언어 접근법(Whole Language Approach 1970~80년대)

총체적 언어 접근법은 읽기보다 전체적인 이해에 초점을 두었다. 글자를 다 아는 성인들도 때로는 책을 읽다가 모르는 단어를 만날 수 있다. 하지만 앞뒤 내용을 읽다보면 그 단어가 이해되는 것처럼 전후 맥락이 살아있는 의미 속에서 흐름을 이해하는 것이다. 이 접근법은 풍부한 언어경험을 제시하고 가능성과 창의성을 키워주는 긍정적인 면이 있지만, 이상적인 파닉스 교육의 부재로 문맹률이 증가하게 되었다.

3) 균형잡힌 접근법(Balanced Approach 1990~ 현재)

파닉스 접근법과 총체적 언어 접근법의 단점에 위기를 느낀 미국의 부시 정부는 NCLBNo Child Left Behind라는 학습부진아 정책을 공표하게 된다. 여기에서 균형잡힌 접근법이란 파닉스 접근법과 총체적 언어 접근법을 섞었다기보다는 두 접근법의 장점을 조합했다고 보는 것이 맞다. 의미 있는 교재를 통해 내용 이해라는 큰 틀을 먼저 이해하게 한 후Whole Language Approach 그 안에서 나온 단어를 중심으로 파닉스의 요소Phonics Approach를 접목시켜 읽기를 가르치는 것이다.

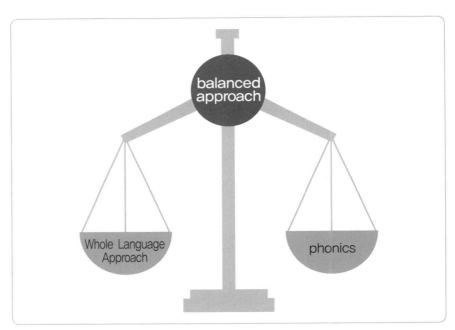

3

레벨링 시스템의 이해

1990년대에 밸런스드 어프로치balanced approach가 리터러시 학습으로 자리 잡을 무렵 활발하게 진행된 연구 중 하나가 레벨링 시스템이다. 레벨은 아이들의 독서 수준의 기준을 정하고, 수준에 맞는 책을 읽도록 해주려는 의도에서 시작되었다.

1) 레벨북의 기준

① 길이(length)

페이지 수, 페이지당 단어 수, 페이지당 행간의 수, 줄 간격까지 기준이 정해져 있다.

② 배치(lay out)

초보자용 책은 폰트font, 글자간 여백spaces, 단어와 단어 사이의 배치between words and line도 정해져 있다.

③ 구조와 조직(structure& organization)

초보자용 책은 단순 구성과 반복도 등 철저한 짜임새를 요구한다.

④ 삽화(illustrations)

글을 이해하기 위해 그림이 지원되는데 높은 단계에서는 점차적으로 그림의 비중이 줄어든다.

⑤ 단어(words)

초보자용 책은 단순한 어휘, 반복되는 어휘를 사용하게 되지만, 단계가 높

아질수록 복잡한 어휘를 사용하게 된다.

⑥ 구와 문장(phrases & sentences)
단순한 문장에서 길고 복잡한 문장으로 바뀌게 된다.

⑦ 문학적 특징(literacy features)
단순한 내용에서 회상flashback, 은유metaphors를 포함하는 내용으로 복잡해진다.

⑧ 문법적 분석(grammatical coventions)
단순한 문장 부호에서 섬세한 문법적 특징을 사용하게 된다.

⑨ 내용과 주제(content and theme)
친숙한 내용에서 복잡한 내용으로 바뀐다.

2) 레벨링 시스템의 종류

① Lexile Leveling Level(Lexile Level)
Metametrics에서 만든 레벨링 시스템으로 아이의 읽기 능력reader measure과 텍스트의 난이도text measure를 연결하여 1~1800단계로 나누었다.
http://www.lexile.com에서 자세한 정보를 얻을 수 있다.
레벨링 시스템은 다른 레벨링 시스템과 연결되어 있다.

Accelerated Reader Level and Lexile Level Conversion Chart

AR Reading Level	Lexile Reading Level	Lexile Reading Level Range
1.0	300	250−325
1.5	350	325−400
2.0	400	375−450
2.5	475	450−500
3.0	520	475−525
3.5	570	525−600
4.0	640	600−700
4.5	725	650−800
5.0	800	800−850
5.5	875	850−900
6.0	9925	875−950
6.5	975	950−1000
7.0	1015	975−1050
7.5	1075	1000−1100
8.0	1125	1050−1125

Prepared by Michael P. Garofalo, Technology and Media Services Supervisor, DUESD First Draft, January 3, 2005.

② Guided Reading Level(GRL)

Fountas and Pinnell에 의해서 만든 레벨링 시스템으로 미국에서는 Lexile Level과 함께 가장 널리 쓰인다. A~Z단계로 나뉘어 있다.

Recommended grade	Fountas and Pinnell level
K	A, B, C
1	C, D, E, F, G, H, I
2	I, J, K, L, M
3	M, N, O, P
4	P, Q, R, S
5	S, T, U, V
6	V, W, X, Y
7	Y, Z
8 and above	Z

③ Reading Recovery Level(RR Level)

Maric Clay에 의해 개발된 시스템으로 1~30단계가 있다.

④ Developmental Reading Assessment(DRA)

아이들이 벤치마크된 책을 읽고 난 후 어디에서부터 책을 읽어야 할지 시작점을 찾아주는 시스템이다. 1~80레벨이 있다.

각 레벨링 시스템은 서로 연동되어 있어 서로 비교하면서 자신에게 맞는 책을 찾을 때 더 정확성을 기할 수 있다.

Useful Expression

It's on the house.

'공짜입니다' 혹은 '서비스로 드리는 겁니다'

I'm so excited. I can't work.

마음이 붕 떠 있어서 일이 손에 안 잡혀.

Grade Level	ATOS Book Level	Lexile Text Measures	Guided Reading Level	Reading Recovery Level
K	.2–.4		A	1
K	.2–.4		B	2
K–1	.5–.6		C	3
	.5–.6			4
1	.5–.6		D	5
	.7–.9			6
1	.7–.9	200–400	E	7
	.7–.9			8
1	.7–.9		F	9
	1.0–1.2			10
1	1.0–1.2		G	11
	1.3–1.5			12
1	1.3–1.5		H	13
	1.6–1.9			14
1	1.6–1.9		I	15
	2.0–2.4			16
2	2.0–2.4		J	17
	2.5–2.9	300–500		18
2	2.5–2.9		K	19
	2.5–2.9			20
2	2.5–2.9		L	21
2	3.0–3.4		M	22
2–3	3.4–3.9	500–700	N	–
3–4	3.4–3.9		O	–
3–4	4.0–4.4	650–850	P	–
4–5	4.0–4.4		Q	–
4–5	4.5–4.9		R	–
5	4.5–4.9	750–950	S	–
5	5.0–5.4		T	–
5	5.0–5.4		U	–
6	5.5–5.9	850–1050	V	–
6	6.0–6.9		W, X, Y, Z	–
7	–	950–1075	–	–
8	–	1000–1100	–	–
9	–	1050–1150	–	–
10	–	1100–1200	–	–
11–12	–	1100–1300	–	–

체계적 레벨링 시스템 북의 예 - springboard를 중심으로

♛ 스프링보드의 구성 특징

레벨링 시스템을 표방한 여러 가지 텍스트 북이 많이 있지만, 160년 전통의 맥밀란 출판사의 스프링보드 북을 중심으로 특징을 알아보려고 한다. 스프링보드 북은 이미 여러 논문에서도 질 좋은 리터러시 북으로 인용되기도 했다.

● 객관화된 레벨링 시스템으로 구성되어 있어 아동의 실력을 정확히 진단하고 단계적으로 읽기능력을 향상시킬 수 있다.

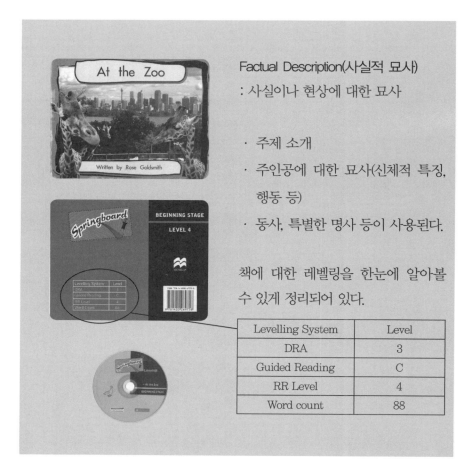

Factual Description(사실적 묘사)
: 사실이나 현상에 대한 묘사

· 주제 소개
· 주인공에 대한 묘사(신체적 특징, 행동 등)
· 동사, 특별한 명사 등이 사용된다.

책에 대한 레벨링을 한눈에 알아볼 수 있게 정리되어 있다.

Levelling System	Level
DRA	3
Guided Reading	C
RR Level	4
Word count	88

Reading Grade-Level Comparison Chart

Descriptor	Grade Level	Fountas & Pinnell (Guided Reading)	Basal Level	DRP (Degrees of Reading Power)	Reading Recovery	DRA Level	Lexile Level
Emergent	Kindergarten Grade 1	A	Readiness		1	A & 1	Beginning Reader
Early	Kindergarten Grade 1	B			2	2 & 3	
	Kindergarten Grade 1	C	PP1		3 & 4	4	
	Grade 1	D	PP2		5 & 6	6	100-400
	Grade 1	E	PP3		7 & 8	8	
	Grade 1	F	Primer	25-30	9 & 10	10	
	Grade 1	G			11 & 12	12	
Transitional	Grade 1	H	Grade 1		13 & 14	14	
	Grades 1 & 2	I			15, 16 & 17	16	
	Grade 2	J	Grade 2		18, 9 & 20	18	300-600
	Grade 2	K		30-44		20	
	Grade 2	L				24	
	Grades 2 & 3	M				28	
Self-Extending	Grade 3	N	Grade 3			30	500-800
	Grade 3	O		44-54		34	
	Grades 3 & 4	P				38	
Advanced	Grade 4	Q & R	Grade 4	40-42		40-44	600-900
	Grade 5		Grade 5	44		50	700-1000
	Grade 6	S-Z	Grade 6			60	800-1050
	Grade 7					70	850-1099
	Grade 8					80	900-1150
	Grade 9						1000-1199
	Grade 10						1025-1200+
	Grade 11						1050-1300+
	Grade 12						1075-1400+

Harcourt Achieve
Rigby · Saxon · Steck-Vaughn

http://www.skolibrary.org/kidzone/kzgrwn/pdf/readinglevelcompchart.pdf

● 각 레벨별로 난이도에 맞는 파닉스, 빈출어, 단어, 문장 구조 등을 단계적으로 학습함으로써 리터러시의 기본 요소를 체계적으로 학습할 수 있다.

Book No	Title	Word count / Genre/Text type	High Frequency words	Phonics Skills New Reviewed	Words Study	Text Structure Features
1	Hair	28 / Factual Description	has he		Directionality One to one adjectives : black, curly, long, short, straight, white	Familiar content with direct picture support *picture glossary
2	The Pesky Fly	35 / Literacy Recount-fantasy	am I on	Short a— am ham jam cat mat	Concept of words/space *one to one *fullstop	Familiar content with direct picture support *speech bubbles
.	.	.	.	.	.	.
.	.	.	.	.	.	.

● Fiction^made up과 Non fiction^information reports 영역으로 나눠 다양한 장르의 책을 접할 수 있다.

Fiction	Non—Fiction
Narrative Literary Recount Etc.	Procedure Information Report Factual Description Explanation Etc.

GRL **Guided Reading Level**	Guided Reading Level은 읽기 전문가인 Fountas와 Pinnell이 만든 도서 레벨 지표이다. 미국 초등학교나 중학교 읽기(reading) 교사들이 가장 널리 이용하고 있으며, 알파벳 순서로 앞쪽일 때는 저학년에 맞는 쉬운 책이고, 뒤로 갈수록 고학년용으로 어려운 책이다.
DRA **Developmental Reading Assessment**	Developmental Reading Assessment는 Celebration Press에서 나온 학교용 읽기 교재 및 교사들을 위한 가이드로, 주로 초등학생과 중학생들의 읽기 테스트 분류를 위해 사용된다. 표현 방식은 가장 쉬운 텍스트를 알파벳 A로 표시하고, 44까지 숫자가 올라갈수록 텍스트의 난이도가 올라간다.
RR **Reading Recovery**	Reading Recovery는 뉴질랜드의 Maria Clay에 의해 개발된 프로그램으로 1학년 아동 중에서 읽기에 뒤떨어지는 아동에게 개별적으로 조기에 개입하여(early intervention) 읽기 문제를 도와주기 위한 것이다. 매일 30분씩 5일간 개별지도를 통하여 아동의 읽기 능력에 맞는 책을 읽어주고 통합적 언어교육(듣기, 말하기, 읽기, 쓰기)를 함께 교육하는 방법으로 이뤄진다.
Lexile Measures **렉사일 지수**	Lexile Measures(렉사일 지수)는 미국의 교육평가기관 메타메트릭스사(Metametrics Inc.)에서 학생들에게 읽기 자료를 제공하기 위해 개발된 것으로 전통적인 Readability Formulas를 적용한 독서능력 지수체계이다. 렉사일 지수는 개인의 영어 독서능력을 나타내는 '렉사일 독서지수'와 영어도서의 난이도를 나타내는 '렉사일 도서지수'로 크게 나뉜다. 200L 이하는 초보 독자를, 1700L 이상은 난이도가 높은 고급 독자를 의미한다.
AR 레벨 **Accelerated Reader**	AR(Accelerated Reader)는 미국의 Renaissance Learning Inc.에서 개발된 프로그램으로 수만 권의 도서를 분석하고 해당 도서를 모두 읽은 3만여 명의 학생을 데이터 결과를 기반으로 만든 과학적 독서 레벨 지수이다. ATOS Book Level로 난이도를 학년별로 측정을 해 놓았다. 예를 들어 ATOS Book Level이 4.5이면 미국 학교 기준으로 4학년의 5개월째에 해당되는 수준이라고 볼 수 있다는 것이다. http://www.arbookfind.com/default.aspx

4

읽기의 5가지 필수 요소

1) Phonemic Awareness

소리를 인지하고, 구별하고, 조작하는 능력을 의미한다. 우리나라에서는 흔히 파닉스를 영어 교육의 첫걸음으로 생각하고 중요하게 여기지만, 그보다 앞서는 개념은 음소인식이다. 예를 들어 글자를 배우는 아이들에게 '가지'라는 단어를 가르치는데 있어 처음에는 'ㄱ' 'ㅏ' 'ㅈ' 'ㅣ'라고 쓰겠지만, 나중에는 자동으로 '가지'라고 쓰게 된다. 영어의 모든 단어를 외워 쓰는 것은 한정되어 있지만, 음소인식이 제대로 되어 있다면 원어민 정도는 아니어도 듣고 많은 단어의 철자를 쓸 수 있게 된다.

'Phonemic awareness is the ability to hear and manipulate the individual sounds in words.'

2) Phonic

소리와 글자를 연결시키는 능력으로 이 단계를 통해 스스로 읽을 수 있다.

'Phonics is simply the system of relationships between letters and sounds in a language.'

3) Vocabulary

단어의 의미를 적절하게 찾아내는 능력을 말하며, 어휘이해 능력이 있어야 전체적인 이해comprehension를 할 수 있다.

'Vocabulary refers to words and their meanings.'

4) Fluency

유창성은 글을 빠르고 정확하게 읽어내는 능력을 의미한다. 단어인지와 글의 내용이해와 더불어 읽기의 유창성 또한 중요한 개념이다. 정확성과 유창성 모두 중요한 개념이지만 읽기에 있어 어느 것이 더 중요할까? 글자 한 자, 한 자 또박 또박 정확히 읽는 아이와 유창하게 읽는 아이를 지켜본다면 답이 나올 것이다. 정답은 유창성이다.

'Fluency is the ability to read a text quickly and accurately.'

5) Comprehension

이해는 배경지식, 주제, 세부내용, 함축적 의미, 작가의 숨은 의도, 누가 벌을 받아야 하는지 등을 포함한 전반적 내용을 이해하는 것이다.

'Comprehension refers to the ability to understand what one is reading.'

Q9 독서의 단계 중 주제, 세부내용, 함축적 의미를 포함해 글의 내용을 잘 이해하는 능력을 의미하는 부분은?

① comprehension
② fluency
③ phonic
④ phonemic awareness
⑤ vocabulary

읽기 방법

1) Read aloud

의미를 생각하면서 큰 소리로 또박또박 선생님이 읽어준다. 4~5세까지는 read aloud를 해주는 것이 좋다. 스토리텔링은 캐릭터에 맞는 목소리를 내야 하지만 read aloud에서는 그것으로부터는 비교적 자유롭다.

2) Shared reading

초보 학습자들이 다른 사람과 함께 읽는 법을 배우는 단계이다. 아직은 선생님이 주고, 아이들이 읽도록 도와주는 단계이다. shared reading을 위해서는 문장이나 구가 반복되는 책이 좋다. 어려운 레벨의 책보다는 좀 더 쉬운 책을 선정하고 읽고, 이해할 수 있도록 도와준다. 같은 레벨별로 소그룹으로 지도하는 것이 좋다.

3) Guided reading

아이가 주도적으로 읽어나가도록 하고 선생님은 잘 읽도록 지도해주는 단계이다. 독립적 읽기로 가기 전 중간단계이다. 학습자의 독해력을 95% 이상 끌어올릴 수 있는 책을 선정하는 것이 좋다.

4) Independent reading

　독립적 읽기 단계는 최종 독서의 목표단계이다. 학생 혼자서 책을 읽고 난 후 배경지식, 숨은 뜻, 작가의 의도 등까지 이해할 수 있도록 지도한다. 다양한 배경지식을 쌓을 수 있도록 fiction, non-fiction의 원서를 균형 있게 선정하는 것이 좋다. 더 나아가 스스로 책을 선택하고, 책 읽기의 즐거움을 깨닫는 단계이기도 하다.

Useful Expression

I'm bored to death.

심심해서 죽겠어.

6

읽기 활동

1) 독서 전 활동(Activities before story)

스토리를 듣기 전 아동의 관심을 이야기에 집중시키기 위한 과정으로 스토리가 어떻게 전개될지 예측해 보게 한다. 때로 이야기에 대한 적절한 배경지식을 제공하거나 중요 단어를 제시할 수도 있다.

- 교실분위기 조성: 학생들이 이야기에 집중할 수 있도록 자리를 만들고 스토리텔링의 상징물을 제시한다.
- 동기유발: 이야기 전개에 사용되는 소품의 일부를 보여주고, 특히 인형들을 이용해서 학생들과 반갑게 인사를 한다면 스토리 전달에 더 효과적이다.
- 관련된 배경지식 제공: 이야기의 저자, 주제, 배경 등에 대해 특별히 이야기하고 싶은 것이 있으면 설명해 준다.
- 새로운 단어 제시: 그림이나 사진으로 보여주기, 실물 보여주기, 몸동작이나 행동으로 추측하게 하기, 문맥에서 파악하게 하기, 번역하기 등을 통해 새로운 단어를 제시한다.
- 이야기 추측하기: 주인공 인형이나 관련 단어를 보고 들려줄 이야기를 추측하도록 한다.

동화 읽기 전 학습활동의 예

♛ 표지 설명(Front cover)

　책의 제목을 보여주고 어떠한 내용인지 추측해 보게 한다. 반드시 저자와 삽화가도 언급해 준다.

♛ 토론과 이야기 공유하기(Discuss and share)

　책의 주제에 대하여 관련된 경험을 서로 이야기해 보게 한다. 예를 들어 'Strange animal'이라는 주제로 공부한다면 이상한 동물이 무엇인지 서로 이야기해 보도록 한다.

♛ 스토리 요약하기(Give a story summary)

　스토리텔링하기 전에 모국어로 스토리를 요약해 줄 수도 있다. 요약은 한 줄 정도나 좀 더 길 수도 있다. 그러나 마지막 결론은 빼야 한다.

♛ 물건 추측하기(Guess the objects)

　스토리와 관련된 물건을 포장해놓고 추측하게 한다. 아동들이 잘 추측해 내지 못할 때는 조금씩 보여주며 추측해 보도록 한다.

♛ 그림 뒤섞어 놓기(Jumbled picture)

　스토리의 단서가 되는 그림을 시리즈로 준비한 뒤 순서대로 추측하여 놓게 한다. 아동들은 순서가 맞는지 보기 위해 스토리에 더 집중할 수 있다.

♛ 10개의 단서가 되는 문장이나 단어(Ten key words)

　10개의 단서가 되는 짧은 문장이나 단어를 칠판에 순서대로 써놓고 스토리를 예상할 수 있는지 물어본다. 몇 개의 단어를 아동들이 모른다고 해도 문제가 되지는 않는다.

♛ 모국어로 다시 이야기하기(Telling a mother - tongue version)

　만약 아동들이 모국어로 스토리를 알고 있다면 이야기를 바꾸어 말해 보도록 한다.

♛ 실재 물건의 의미(Meaning from objects)

스토리와 관련된 실재 물건을 보여주고 아동들에게 만져보고(touch), 잡아보고(hold), 사용(use)도 해보고 난 후 그 이름을 알려준다.

♛ 마임으로 의미 알기(Meaning from context)

스토리텔링하기 전에 새로운 단어를 마임이나 액션을 사용하여 추측하게 한다.

♛ 상황 속에서 의미 알기(Meaning from context)

어떤 단어들은 맥락 속에서 가장 잘 이해할 수 있다. 때때로 새로운 단어를 소개하기 위해 교실에서 새로운 상황을 만들 수도 있다.

♛ 반대말에서 의미 알기(Meaning from opposites)

한 개의 단어를 알려주는 것보다 두 개의 단어를 알려주는 것이 쉬울 때도 있다. big/small, rich/poor, love/hate

♛ 번역으로부터 의미 알기(Meaning from translation)

아동이 의미를 잘 이해하지 못할 때는 모국어를 이용하여 의미를 알려준다. 특히 초급 학습자에게 유리하다. 부분적으로는 영어를 이용하고 부분적으로는 모국어를 이용하되 갈수록 영어의 비중을 높인다. 그러나 스토리텔링 내내 번역을 이용해서는 안 된다.

♛ 노래하기

스토리와 관련된 노래를 부름으로써 동화의 내용에 익숙하도록 한다. 대개 읽기 전 학습 활동으로 노래를 많이 선호하는 편이다.

♛ 의미적 지도 그리기(Meaning map activity)

동화와 관련될 법한 내용에 대해 다양한 브레인스토밍하는 작업으로 동화에 대한 흥미도를 높이고, 다음에 읽을 동화의 내용과 본인이 생각한 동화가 맞는지 집중하여 듣게 하는 역할을 한다. 이때 교사는 이미 내용을 알고 있으므로 동화의 내용에 맞게 의미적 지도를 그릴 수 있도록 지도해야 한다.

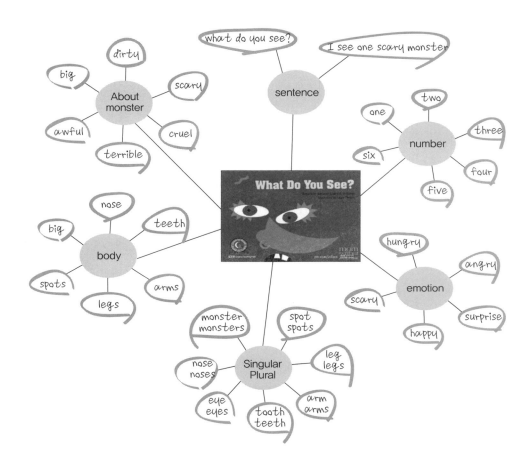

Q 10 다음 중 before telling에 해당하지 않는 것은?

① 교실분위기 조성
② 관련된 배경지식 제공
③ 동기유발
④ 새로운 단어 제시
⑤ 이야기 잇기

2) 독서 중 활동(Activities during the story)

스토리텔링하는 도중 교사의 다양한 활동으로 인해 아동이 스토리에 대한 집중을 망치지 않도록 조심해야 한다. 때로는 아동들이 단순히 앉아서 듣는 것이 최고의 활동이 될 수도 있다. 독서 중 활동은 '테스트'하는 것이 아니라, 아동이 스토리를 이해했는지 못했는지이다. 특별히 이해도가 낮은 아동들이 스토리텔러의 이야기를 잘 이해하고 있는지에 대한 점검은 중요하다. 이야기 전개에 효과적이라고 판단되는 보조자료 등을 이용하기도 하면서 스토리텔링 기법을 사용한다. 앞으로의 이야기를 추측해보고 함께 할 수 있는 다양한 활동을 함께 하면서 이야기에 참여시킨다.

① 예상하기
- 적절한 시기에 중지하여 다음에 무슨 일이 일어날 것 같은지 물어본다.
- 초보 수준에서는 모국어로 대답하고 더 높은 수준에서는 짧은 문장이나 완전한 문장의 영어로 답하도록 유도한다.

② 개인적 반응 이끌어내기
- 가끔씩 이야기를 중단하고 학생들에게 눈을 감고 마음속으로 이야기의 장면을 그려보도록 한다.
- 머릿속에 떠올린 것을 친구들에게 이야기해 보도록 한다.
- 무엇을 듣고, 느끼고, 맛보고, 냄새 맡을 수 있었는지 물어볼 수도 있다.
- 이야기 속의 상황에 자신이 처해 있다면 어떻게 할 것인지 물어본다.

③ 함께 참여하기
- 합창독chorus reading을 하거나 몸으로 표현할 수 있다.
- 함께 말하기에 적합한 문장을 이야기에서 골라 학생들과 함께 반복한다.
- 이야기를 두세 번째 들려줄 때에는 몇몇 단어는 말하는 대신 몸으로 표

현해 본다.

● 이때 반을 몇 개의 그룹으로 나누어 각자의 그룹에 특정한 단어를 지정해 주고 그것에 해당되는 단어가 나올 때마다 어울리는 동작을 하게 할 수도 있다.

The grass is greener on the other side of the fence.

남의 떡이 커 보인다.

동화 읽기 중 학습활동의 예

👑 스토리를 잘못 말하기(Telling it wrongly)

아동들이 아는 스토리를 다시 말할 때 선생님이 피곤하여 어쩌면 틀리게 말할지도 모른다고 말하라. 그러면 아동들은 손을 들고 잘못 말한 부분을 고쳐줄 것이다.

You :   "Once upon a time there were four little pigs....."
Child : "No, **three** little pigs."

이 활동을 통해 아동의 이해도를 점검할 수 있다.

👑 휘바람 이야기(Whistling story)

말을 하는 대신에 때로 휘파람이나 다른 소리나 제스처를 사용한다. 아마 아동들은 무슨 단어인지 알아차릴 것이다 .

👑 이야기를 멈추고 질문하기(Stopping and asking)

스토리텔링 도중 이야기를 멈추고 다음 어떻게 될 것인지에 대해 질문을 해보아라. 초보자들은 아마 모국어로 말할 것이고 높은 단계의 아이들은 짧은 단어나 문장을 영어로 말할 것이다.

👑 상상하기(Imagining: the five senses)

스토리텔링 도중에 눈을 감고 스토리의 장면에 대해 떠올리도록 요청해본다. 다른 아동들의 이야기도 들어보아라. 같은 장면을 떠올리는 것이지만 이야기는 분명히 각양각색일 것이다. 이런 식으로 듣고hear, 느껴보고feel, 맛보고taste, 냄새smell 맡아보라고 해보아라. 이 활동을 통해 아동은 스토리의 느낌을 더 잘 표현할 수 있을 것이다.

👑 이야기하고, 멈추고, 그림 그리게 하기(Tell, Stop and draw)

특별한 순간에 이야기를 멈추고 아동들이 생각한 것을 그림으로 그리도록 한다. 1분 정도의 매우 짧은 시간만 준다. 이런 활동을 통해 아동은 아름다운 것을 그리고 스케치하는 것에도 집중할 수 있다. 들려주는 동화책의 매 문장을 그림으로 그려보게 한 경우도 있다. 이 활동은 아이들로 하여금 스토리에 대해서 더 많은 질문을 하도록 자극을 주었고, 아동의 이해도를 높였다고 보고되어 있다.

👑 감정을 표현하는 선(Expressive lines)

먼저 감정을 나타내는 선에 대해 예를 보여줘라. happy, angry, excited 이 세 단어를 칠판에 적어놓고 선으로 아동의 마음을 그려보도록 한다. 아마 아이들은 이렇게 나타낼 것이다.

더 나아가 문장을 적어놓고 선으로 표현해 보도록 시킨다.

👑 너의 기분은 어떠니?(How would you feel?)

스토리텔링 도중에 아동의 기분이 어떤지, 이런 상황이라면 아동은 무엇을 해야 했을까와 같은 질문을 한다. 분명 초보자들은 모국어로 답하고, 레벨이 높은 아동은 영어 단어나 문장으로 말할 것이다.

👑 무엇을 더 할래?(What can you add?)

이야기 도중 이야기를 멈추고 아동에게 어떤 정보에 대해 더 알고 싶은지 물어보아라. 심지어 아주 어린 아이들도 세세한 내용을 더 할 수 있다.

Q 11 while telling 활동 중 적당하지 않은 것은?

① 적절한 시기에 중지해서 다음에 무슨 일이 일어날지 물어본다.

② 가끔씩 이야기를 중단하고 눈을 감고 이야기의 장면을 그려보도록 한다.

③ 이야기 속의 상황에 처해 있다면 어떻게 할 것인지 물어본다.

④ 이야기의 저자, 주재, 배경 등 특별히 하고 싶은 것이 있으면 설명해준다.

⑤ 머릿속에 떠오른 것을 친구들에게 이야기해보도록 한다.

3) 독서 후 활동(Activities after the story)

① 이해도 확인 질문(Comprehension questions: written by the children)

아동들을 두 그룹으로 나누고, 각각 그룹에 스토리에 대한 5개씩 질문을 쓰도록 한다. 아마 아이들은 모국어로 쓸 것이다. 각각의 그룹은 차례로 질문 리스트 대로 서로 묻고 답하면 된다.

② 배열하기(Sequencing: Jumbled sentences or words)

이야기에서 단서가 되는 단어나 문장을 선택한다. 각각의 문장에 그림을 그린 후 순서대로 맞추게 한다. 이 활동은 초급자에게도 유익하다.

③ 말하지 않는 활동으로 이해도 체크하기(Checking understanding through non—verbal activities)

이 활동은 'during the story' 때 언급했던 것으로 'after the story' 로도 어울린다.

④ 그리고 색칠하기(Drawing and colouring)

아동들은 스토리에서 자기들이 들은 것을 그림으로 나타내기를 좋아한다.

⑤ 이야기하기와 개작하기(Children telling and retelling)

아동이 이야기를 개작하도록 해라. 처음에는 몇 개의 단어나 짧은 구로 이뤄지겠지만 점차적으로 완전한 문장으로 바뀐다.

⑥ 바꾸는 것 없이 개작하기(Retelling without changes: prompted by question)

아이들이 생각하도록 돕기 위해 다음과 같은 질문을 한다.

Who's in the story? 이야기에 누가 있니?

Is it a boy or a girl? 소년이니 소녀니?

Where does th story start? 어디서 이이야기가 시작되었니?

When does the story start? 언제 이야기가 시작되었니?

What's happening at the beginning of the story? 이야기의 시작에 무슨일이 있었니?

How does she/he feel? 그녀/그는 기분이 어떨까?

질문을 통해 아동들은 내용을 정리하게 되고 한 문장으로 요약할 수 있다.

⑦ 바꾸는 것 없이 개작하기(Retelling without changes: throw the ball and continue the story)

한 아이가 이야기를 시작하고 종이 공paper ball을 다른 아이에게 던진다. 공을 받은 아이는 계속 이야기를 이어나간다. 이 활동은 스토리를 잘 이해하고 있거나 영어를 충분히 유창하게 할 수 있는 아동집단일 경우 유리하다.

⑧ 그림 제거하기(Removing pictures)

스토리에 대한 모든 그림을 준비하여 아동들 앞에 펼쳐 놓는다. 스토리텔링을 다시 한 번 한 뒤 아동들에게 눈을 감으라고 한 후 한 장의 그림을 제거한다. 눈을 뜬 아동들에게 없어진 그림에 대해 설명을 하도록 한다. 이런 과정을 몇 번 거치게 되면 그림은 모두 사라지게 되고 아동은 전체 이야기를 그림이 없어도 이야기할 수 있다.

⑨ 포스터 디자인하기(Designing a poster)

특별한 목적으로 아동들이 포스터를 디자인하도록 하라. 예를 들어 'strange animal' 'Warning people about the danger of the strange creature'와 같이 주제에 맞게 포스터를 그리면 된다.

⑩ 스토리 흐름 차트(Story flowchart)

먼저 아동들에게 어떻게 스토리 흐름 차트를 만드는지를 보여준다. 두 명이나 그룹으로 아동들도 자신만의 스토리 흐름 차트를 만들도록 한다.

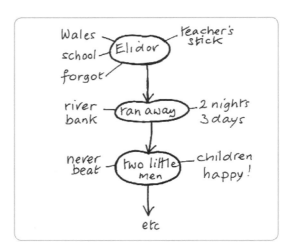

⑪ 그림을 그리고 캐릭터를 설명하기(Draw and describe a character)

스토리에 등장한 주인공을 선정한 후 그림으로 그리게 한다. 그림의 다른쪽 면에 좋아하는 것과 싫어하는 것을 쓴다. 쓰기가 끝나면 종이를 접어 뒤집는다.

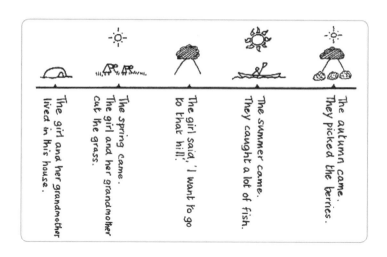

⑫ 편지쓰기(Writing letters)

스토리에서 한 케릭터가 다른 케릭터에게 편지를 쓰도록 한다. 이 활동은 편지쓰기 주제로 확대되어 사용할 수 있다.

⑬ 책 만들기

스토리의 전체 내용을 정리하는 나만의 책 만들기 활동은 대표적인 독서 후 활동이다. 다양한 책 만들기가 있지만 방법을 잘 모른다 해도 A4에 몇 장의 그림이나 스토리를 요약한 것을 스테이플러로 묶어도 멋진 책이 된다.

⑭ 챈트를 활용한 스토리텔링

챈트나 노래로 스토리의 내용을 정리한 활동이다. 플라스틱 요거트 병이나 우유병에 콩이나 모래를 넣어 흔들면서 챈트를 해도 재미있다.

세번째 스토리

스토리텔링의
적용

Storytelling Technique

① 모노드라마의 주인공처럼 과장되고 낯간지럽게 한다. 슬픈 내용이나 긴박한 상황에서 미소를 띠우며 구연할 수는 없다. 특히 영어를 구연하는 것이기 때문에 아동은 구연자의 말투, 시선, 분위기 등에서도 내용을 파악한다.

② 표지부터 자세히 설명해준다. 표지에는 저자와 삽화가illustrator의 이름과 책 내용을 담고 있는 표지 그림이 있어 책 내용을 유추할 수 있게 해준다. 표지부터 아동이 책에 관심을 가질 수 있도록 유도할 수 있다.

③ 큰소리로 정확하게 읽어준다. 《What do you see?》란 책에서 원어민들은 분명 '와 유 씨?'라고 발음할 것이다. 그러나 처음 배우는 아이들에게는 소리를 구별할 수 있도록 정확하게 읽어준다. 나중에 유창하게 들을 수 있을 때에는 괜찮다.

④ 읽는 도중 딴청 피우면 중단하고, 아이의 시선이 다시 구연자에 집중하도록 한 뒤 다시 시작한다. 유능한 스토리텔러는 아이들의 시선이 깨지는 시점을 잘 잡아내어 다시 능숙하게 책 속으로 유도한다.

⑤ 칭찬은 고래도 춤추게 한다고 한다. 아동이 잘 듣고 있을 때는 아낌없는 칭찬으로 스토리텔링 집중 시간을 길게 하고 이야기 듣기가 즐거운 것이라는 것을 알게 한다.

⑥ 아이의 개인차를 고려한다. 말하기를 좋아하는 아이는 역할극이나 율동을 즐겨 하고 구연 중 질문에 잘 대답할 수 있을 것이다. 그러나 말하기 싫어하는 아이라 하더라도 적절하게 대답할 수 있도록 유도하고 그림 그리기나 만들기 활동을 통해 적극 참여하도록 한다.

⑦ 구연과 관련된 자료를 적극 활용하면 아이들이 동화 내용에 더 집중할 수 있도록 도울 수 있다. 교구는 꼭 돈 들여 장만하지 않아도 된다. 생활 속에서 흔하게 볼 수 있고 구하기 쉬운 것이라면 더욱 좋다.

2 구연하기 전 동화 파악

원고가 정해지면 묵독silent reading, 음독reading aloud 순서로 반복해서 읽어본 뒤 등장인물 수, 상황분석, 절정의 감정처리를 결정한다. 구연 연습과정에서 녹음해서 들어보고 전체적으로 너무 밋밋하지 않은지, 너무 과장되어 호들갑스럽지 않은지 결정한다.

3 화술의 기본 요소

화술의 기본 요소는 호흡, 강조, 속도, 멈춤이다. 스토리텔링하는 과정에서도 숨을 쉬어야 한다. 스토리텔러가 편안해야 듣는 사람도 편안하게 이야기에 빠져들 수 있다.

강조는 강세accent와 어세emphasis로 나뉜다. 특별 단어를 강하게 말할 때와 말하는 흐름 속에서 강조할 때가 있다.

속도tempo는 구연자의 또 다른 언어 스킬로 주인공이 할아버지나 부엉이와 같이 나이가 많다면 느리고 낮게, 젊은이나 호랑이와 같은 경우 강하고 빠르게 한다.

멈춤pause도 하나의 화술 요소로 청중의 호기심과 긴장을 증가시키는 방법이다. 특히 강조할 때 머뭇거림은 중요하다.

4 역할에 따른 성격 설정하기

　　등장인물 수는 대화체 인물의 숫자 +1이며 스토리텔링은 4~5명 이내가 좋다. 여기서 1이란 해설자를 말한다. 역할을 설정하는 데 있어 성별, 노소, 높낮이, 청탁, 굵기, 속도 등을 고려한다. 가장 쉬운 것은 성별남녀, 노소어른과 어린이를 대칭시키는 것이다. 《The enormous turnip커다란 순무》는 많은 주인공이 등장하지만 전혀 산만하지 않다. 그 이유는 남녀노소 대비가 뚜렷하기 때문이다.

① 동물이나 사물인 경우 작품 속에 드러난 평소의 연상 이미지를 떠올리도록 한다.

　예　토끼, 나비, 장미꽃 – 여성 목소리

　　　악어, 독수리, 책상 – 남성 목소리

② 노소는 작품내용에 따라 설정

　예　부엉이, 할아버지, 할미꽃 – 노인 목소리

　　　아기, 다람쥐 – 아기 목소리

③ 높낮이와 속도

　예　곰, 하마, 코끼리 – 굵고 낮은 목소리로

　　　사자와 곰 – 굵고 낮은 젊은 목소리

　　　바람, 로봇, 유령, 요정– 가늘고 아기와 같은 목소리

5 실재 무대의 매너

① 한 아이만 좋아한다는 느낌을 주지 않도록 중앙에 서서 천천히 좌우를 돌아본다.

② 인사 후 2~3초 정도 휴지를 둬 청중이 집중하도록 한다.

③ 시작할 때 지나치게 높거나 낮지 않고 안정감 있게 열어나간다.

④ 해설과 대사를 구별한다. 대사는 생동감 있게 그 주인공이 되어 구연을 하지만 해설은 사심 없이 어나운싱announcing을 해야 한다.

⑤ 얼굴을 마주보고 눈을 바라보며 구연하는 활동이기 때문에 표정과 제스처도 관리해야 한다.

⑥ 상황에 따라 느리거나 빠르게 스토리텔링함으로써 이야기에 긴장감을 준다.

⑦ 손을 뜯거나 눈을 굴리는 등 불필요한 행동은 사전에 수정해야 한다.

⑧ 결말에 사족으로 "누가 잘했지요?" 혹은 "이러면 안되겠지요?"라고 말하지 않는다.

⑨ 지나친 옷차림과 눈에 거슬리는 화장은 금물이다.

⑩ 마무리는 눈을 마주치며 차분하게 한다. 동화가 끝나 무대에서 내려올 때까지 듣는 이는 구연자의 일거수일투족을 다 바라보고 있다.

실재로 스토리텔링하시는 분 중 대화할 때조차 계속 눈동자를 굴리는 분이 계셨다. 평상시에 둘이 마주보고 이야기해도 계속 눈동자를 굴려 대화에 깊이 집중할 수 없었다. 그런 상황이라면 무대에서는 더욱 단점이 두드러진다. 평상시 거울을 보며 아동의 집중에 방해가 되는 행동은 수정하도록 노력해야 한다.

① 교사의 입장에서 이야기해주고 싶은 것을 선택한다. 아무리 책이 좋아도 교사가 손이 가지 않는 책이라면 열정을 가지고 구연할 수 없다.

② 명확한 구성이 있는 책을 선정한다. 여기서 명확함이란 시작과 끝이 분명하고 기승전결, 클라이맥스가 있는 책을 말한다. 이야기는 한 번 듣고 끝나는 것이기 때문에 클라이맥스가 없는 동화는 아동의 관심을 끌지 못한다.

③ 예술적, 교육적 영향을 고려한다.

④ 어린이의 연령과 청중의 숫자, 공연하는 장소의 환경, 시간적 환경도 고려한다. 예를 들어 생일 축하하는 자리에 죽음을 소재로 한 동화라면 적절한 선택이라고 볼 수 없다.

Useful Expression

Go home and kick the dog.

종로에서 뺨 맞고 한강 가서 눈 흘긴다.

① 등장인물이 많은 동화는 주인공 중심의 이야기가 펼쳐질 수 없고, 듣는 내내 혼란을 야기한다.

② 복선이 있는 동화는 주 플롯 외에 혼돈을 야기한다.

③ 동화는 바람직하고 도덕적 교훈을 주기 위한 것이다. 사회에 대한 풍자로 어른 세계를 비웃는 것은 아이의 동심을 파괴하는 행위다.

④ 지나친 감상이나 자극적인 내용은 오히려 흥미를 끌지 못한다.

Q12 다음 중 동화 구연 요령 중 적당하지 않은 것은?

① 마무리 시 눈을 마주치며 차분하게 마친다.

② 상황에 따라 빠르거나 느리게 구연한다.

③ 자신감 있는 태도로 아동 앞에 선다.

④ 숨쉬기를 잘 조절한다.

⑤ 긴장될 때는 집중하는 한 아이만 보면서 끝까지 구연한다.

레슨 플랜
작성하기

Storytelling Technique

무슨 일을 하든지 계획과 절차가 있듯이 모든 강의에는 강의 계획서가 있다. 레슨 플랜은 무슨 강의를 어떻게, 언제, 누가, 무슨 주제로 진행되는지 한눈에 파악할 수 있도록 해준다. 첫 강의 시 학교든, 문화센터 강의든 어디서든지 강의 계획서를 요구한다. 프리랜서로 강의를 하는 선생님들의 경우 레슨 플랜을 작성하는 것이 부담스러울 수도 있다.

강의 계획서를 작성했다고 해서 강의 계획안대로 1초도 안 틀리고 똑같이 강의를 하는 것은 아니다. 그러나 일단 계획서를 명문화하여 작성해 놓으면 계획안에 따라 강의 흐름이 전개되기 때문에 오히려 강의자에게 편리할 수 있다. 또한, 아무리 강의를 잘 하는 강연자라 하더라도 레슨 플랜이 적절하지 못하다면 강의를 시작도 하기 전에 신뢰도가 떨어질 것이다. 그러므로 어떤 식이든 강의에 관심 있는 직업을 갖고자 한다면 레슨 플랜을 익히는 것은 필수라고 할 수 있다.

레슨 플랜은 딱히 정해진 틀은 없지만 기본적 형식만 따르면 된다.

레슨 플랜 작성에 필요한 요소

- Title : 구연할 책 제목 or 스토리텔링할 제목
- writer나 illustrator 또는 강의자
- Student profile : 나이·학년, 반, 날짜, 인원 등
- Objectives : 수업목표 내용적 부분 + 언어적 부분
- Topic : 소재
- Theme : 주제
- Language point : 가르칠 목표어나 자주 등장하는 단어
- Materials : 실재 진행을 위해 필요한 준비물
- Procedure : warm up / before telling / while telling / after telling / wrap up

Title		writer	
		illustrator	
student profile		date	teacher
objectives	수업목표(내용적 부분+ 언어적 부분)		
topic	소재		
theme	주제		
language point	가르칠 목표어나 자주 등장하는 단어		
materials	실재 진행을 위해 필요한 준비물		
procedures	warm up/ before telling / while telling / after telling / wrap up		

		materials	minute
procedures	**Warm up** 강의에 집중하도록 하는 역할을 한다. 보통 인사, 출석 부르기 등을 한다.	강의 중 필요한 준비물이나 자료를 적는다	시간을 적는 부분
	Before telling 강의 시작부분으로 그날 스토리 관련 질문이나 어려운 단어를 미리 설명한다든지 하는 식으로 본격적인 강의안내 역할을 한다.		
	While telling 실재 스토리텔링하는 부분이다. 준비한 자료를 이용하여 스토리를 잘 이해할 수 있도록 도울 수도 있다.		
	After telling 스토리텔링 후 후속활동으로 대부분의 시간을 차지하는 부분이다. 언어의 4대 영역을 다루도록 권장한다. story review listening·speaking·reading·writing		
	Wrap up 수업 마무리 역할로 그날 수업의 대한 간단한 질문이나 다음 차시 예고 등으로 이뤄진다.		

Title, Student profile, Objectives, Topic, Theme, Language point, Materials 는 레슨 플랜 작성 시 헤드가 되는 부분으로 어떤 플랜에서도 필수 요소이다. procedures에서 warm up은 강의 도입 시 학생들이 강의에 집중하도록 강의안 내 역할을 한다. 아마 학교에서는 이 시간에 인사를 하거나 출석을 부른다든지 할 것이다. before telling은 강의 시작에 대한 부분으로 강의 관련 질문을 한다 든지, 그날 배울 강의에 어려운 단어나 문법이 있다면 미리 설명할 수도 있다. while telling은 실재 리딩에 해당하는 부분이다. 스토리텔링하는 경우 실재 구 연이 이 부분에 해당된다. 강의시간 대부분은 after telling이 차지한다. after telling에서는 언어의 4대 영역인 listening, speaking, reading, writing에 맞추 어 활동한다. wrap up은 그날 강의 마무리에 해당하는 부분으로 다음 차시 수 업 예고나, 과제제출, 그날 수업에 대한 간단한 점검 등으로 이뤄진다.

다음의 레슨 플랜은 리터러시를 가르치기 위한 레슨 플랜으로 Lesson plan for 'Interactive Read Aloud'라고 명시되어 있다. 우리의 레슨 플랜과 크게 다 르지 않다.

Useful Expression

There is no rest for a family with many children.

가지 많은 나무 바람 잘날 없다.

Book title			
Author & Illustrator			
Story senses	Character		
	Setting		
	Story Structure		
Comprehension strategy			
Words for text talk			
Prior knowledge		script	
Picture working	P.1		script
	P.2		script
	climax		script
Interactive Read Aloud	P.1		(ex: Comprehension Strategy −Visualizing)
	P.2		(ex: Text Talk− Scurry)
	P.3		script
	P.4		script
	P.5		script
After reading question for the conversation		script	
Activities			

위의 레슨 플랜은 외국의 스토리텔링 강의 계획안이고, 아래는 서론, 본론, 결론으로 나눠진 강의안으로, 주로 우리나라의 학교에서 많이 사용된다.

교수·학습 과정안

주제	대단원 본시주제	실시월일	
		대상	
		지도교사	
Specific Aims	1. 2. 3.		
procedures	교수·학습 활동		수업자료 및 관련사항
	교사	학생	
Introduction			
Development			
Consolidation			

1 레슨 플랜 작성하기

좋은 레슨 플랜을 살펴보면 공통적 특징이 있다. 마치 강의 설계자가 강의 시간 전체의 흐름을 살펴보듯 상세하게 시간의 흐름을 서술해 놓았다. 강의 시간 내에 무엇을 해야 하는지, 어떻게 이끌어갈지를 정확히 알고 있다는 뜻이다. 레슨 플랜만으로도 이 강의가 어떻게 진행될지 한눈에 이해할 수 있도록 구성되어 있다.

Useful Expression

Don't have a cow.

화 내지마.

Don't be a chicken.

겁쟁이 처럼 굴지마.

좋은 레슨 플랜 1

Unit		Lesson 9. Who Wore the First Eyeglasses?		Date	2***.***	Period	7/8
Section		Let's write		Class	2-10	Instructor	Kwag ○○
Specific Aims		· Students can understand the sentences when they listen and read passive voice sentences. · Students can speak and write sentences using passive voice.					
Teaching Aids		CD-ROM, PPT, Handouts, Textbook					

Step	Procedure	Activities		Aids & Remarks	Time
		Teacher	Student		
Introduc- tion	Greetings	1. Greetings	· Greet and respond		1'
	Warm-up	2. Warm-up — Alphabet jokes	· answer the riddles		3'
	Review	3. Review the last lesson — irregular verbs	· review the verb forms	PPT Internet	5'
		— Pronunciation drill ([l] & [r])	· Listen and distinguish the sounds.		5'
Develop- ment	Specific Aims	4. Understanding about the main objects			1'
	Writing	5. Let's Write — write sentences using active/ passive voice	· complete sentences.	CD-ROM	7'
	Reading	6. True or false? — Check the answer	· Read the passive voice sentences · find out something wrong and correct it	Group work Handout	10'
	Listening & Speaking	7. Jeopardy Game — give some questions(five categories)	· answer the questions with passive voice	Group work	12'
Consoli- dation	presentation of next lesson	8. Presentation of the next class & home-work	· Write down their homework		1'

<수업진행계획>

👑 Greeting

Hello, everyone! How are you today? Do you feel good?

It's a really nice day, isn't it?

Today we have a lot of guests here.

So I think you are a little bit nervous today. No?

Yahh! That's right. You're not nervous, just I am a little bit nervous.

Anyway let's do our job. And just let's do as usual. OK? Good!

👑 Warm-up

You ate lunch just before.

So I think you need a kind of brain storming, like Quiz, to wake up your brain.

So I prepared funny Alphabet quiz.

It's very easy, and it's just for fun. I think you can get answer easily.

OK. How many letters are there in Alphabet?

Yahh, right. There are 26 letters in Alphabet.

What is the first letter of alphabet?

Right. It's A. like this, the answers are just those Alphabet letters.

Question number 1.

Yahh right. Can you explain why it's b?

Their pronunciation are same. now can you understand?

Did you enjoy that? Ok, then let's move on to our class.

👑 Review the last lesson

Last time we studied about irregular verbs.

And I ask you to memorize those verb forms.

Did you memorize them?

OK, let's check just some of them.

Good. these verb forms are very important.

So try to memorize all of them. Will you?

We also practice the [l]sound last time.

To Koreans, it's a quite difficult to distinguish [l] and [r] sounds.

So, let's practice more about that.

As you did before, you will hear two sounds.

listen carefully and raise your hands.

If you heard [l]sound, raise your left hand. and if it was [r]sound, raise your right hand. Are you ready?

Ok, let's begin.

♛ Main object

Can you guess what we are going to study today?

Last time we studied about passive voice.

But I don't think it was enough.

I think you need more practice to understand and use it practically.

So today's our object is like this.

After this class, I hope you can achieve this goal.

♛ Let's write

Now open your books page to 165.

It's a writing part.

Look at the picture of example.

What happened?

yahh, Mina broke the vase.

and we can also describe this situation using passive voice. like this.

Look at the other three pictures.

Those can be described in two ways, with active voice and passive voice.

Can you do that?

Ok, then write the proper sentences on your book.

Are you finished?

Who will do the number 1? ··· good.

Can you express it again with passive voice?

OK, let's move on to next part B.

In the table below, you can find some information.

It's about the inventions, inventors and the year of inventions.

So using the information, we can write sentences like example.

Can you? then, write sentences on your book.

Would you read your sentence about telephone?

Would you do next one?

♛ True or false

Now, look at the monitor.

Here are three sentences, very simple sentences.

These three sentences are about me.

However, of these three sentences, just two sentences are true.

And one sentence is not true, it's a lie.

Can you guess which one is a lie?

Ok, the person who think number 1 is a lie, raise your hand.

Number 2.

OK, good guess! The answer is number 1.

I can't speak Spanish. I just learned Japanese in high school.

Now I'll give you a handout.

There are 15 sentences written with passive voice.

Read the sentences and find out something wrong.

Two sentences are right but one sentence contains wrong information.

If you find the wrong sentences, write down the number in this column.

If the answer is right, you will get one point for each question.

And then, if you can, correct the wrong part and write the right answer in the correction part.

If the correction is right, you'll get extra one point again.

Can you understand?

And this is a group activity. so discuss each other and hand in just one answer sheet. Are you ready?

I'll give you five minutes. Finish it as soon as possible.

The fastest two group will get extra two points. and the next two group will get one point.

OK. let's check the answers.

I'll let you know later which group is the winner.

♕ Jeopardy game

Let's move on to next.

Do you know jeopardy show?

Yahh, it's a quiz show.

So I prepared several quiz for you.

There are five categories and each category has three different points of questions.

The person who answer the question correctly can choose the next question.

Like this, movies 200 points, please!

And there's a very important rule.

When you give an answer, you must use passive voice.

I'll accept the answer just when you use passive voice.

For example, this is a exercise.

Who invented Hangul?

The answer is King Sejong. But you have to answer with passive voice.

Like this, it was invented by King Sejong.

With a full sentence.

Do you understand?

And this is also a group activity, so you group members can help each other.

OK. Let's start with movie 100 points.

If you know the answer, raise your hand.

And remember that you have to answer with passive voice.

Mr. Choi, which group is the winner? Congratulations!

Your group will get small prize next class.

Anyway did you enjoy today's class? Was it fun?

Now, time is up.

Tomorrow , we will do another activity. It's a card game.

Using this card, you will have another opportunity to practice passive voice.

So review the today's expressions again.

Bye everyone, see you tomorrow!

앞의 레슨 플랜은 평범한 어느 중학교 수업이다. 특이한 점은 이 강의를 준비하기 위해 레슨 플랜 뒤에 세세한 강의계획을 준비했다는 것이다. 즉, 영어로 진행되는 수업 속에서 혹시나 있을 실수를 예방하기 위해 수업 진행과정과 예상 질문을 영어로 적은 것이다. 우리말로 진행해도 때로 문제가 생기는데 영어로 진행하는 수업에서 수업 과정을 영어로 적어보는 노력은 당연한 것이라고 생각한다. 그러나 모든 수업에 온 에너지를 넣어 이렇게 긴장하며 수업할 수는 없다. 앞의 레슨 플랜은 공개 수업이라 더욱 신경 썼겠지만, 이런 식으로 제대로 준비해 놓으면 수업 하는 중 실수할 확률이 줄어들어 성공적인 수업을 할 수 있다.

앞의 좋은 레슨 플랜을 보면 한 장의 sub plan 외에 〈수업진행계획〉에서 그 수업시간에 무엇을 하는지 자세히 나와 있다. 교사가 어떻게 질문해야 하는지, 아이들은 어떻게 답할지에 대한 예상 가능한 대답까지 자세히 있다. 이 레슨 플랜을 만든 선생님과는 막역지간인데 유창한 언어구사 능력이 있음에도 불구하고 이런 식으로 플랜을 짠다고 한다. 유능한 교사는 꾸준한 연구와 노력이 만드는 것 같다.

좋은 레슨 플랜 2

Title	The Napping House (Written by Audrey wood. Illustrated by Don wood)			
Students	Age : 8~9	Class : Green	Size : 14	Data : October **, 2***
Objective	Learn how to say preposition for seeing about picture.			
Topic	House			
theme	Taking the prepositions and vocabulary.			
language point	There is ~ / There is a house, a nappng house, where everyone is sleeping. Who(a relative pronoun) / who bites the mouse, who scares the cat.			
Material	Book / word cards / doll. bag. box / Phonics cards / sketchbook			

Procedure		Teacher	Student
	Warm-up 5'	Greeting Introduce : today's lesson about book.	Listen to the teacher's introduction and say hello.
	Before Reading 3'	Take a look about story book.	Talk and think about teacher's questions.
	While Reading 5'	Read aloud. Shared reading.	Listen and say Follow the teacher
	After Reading 32'	* Listening : Teacher read book * Writing : 책의 기본 문형을 이용 'The napping classroom' 책 만들기. * Reading : Let's read again. * |Speaking : Discussion about the theme * Activity : The napping house 만들기	Talk the teacher's question about book and make the book and your napping house.
	Wrap-up 5'	* Go over it again. * homework	say good bye to teacher and friends.

Step	Teaching—learning	Materials
Procedure Warm—up 5'	How are you today? — I'm good. Fine. What date is it today? — It's 30th on Oct. How's the weather? — It's rainy.	wearher cards. and song
Before Reading 3'	Look at the cover and Title. * Why does the cover of this book make .you smile? * What is happening on the title page? * How did the artist tell you it's raining. * Tell me what words you think are on the mail—box. * I wonder if the gate is open for a reason(turn the page) now we know. * The fence, the flowers, the mailbox, and the gate are all inviting us into The Napping House.	Book
While Reading 5'	Read aloud. Shared reading.	word cards doll. bag. box
After Reading 32'	* Listening : Teacher read book * Writing : P. 1 — There is a classroom A napping classroom Where everyone is sleeping P. 2 — And in that classroom There is a rug A cozy rug in a napping classroom Where everyone is sleeping P. 3 — And on that rug There's a teacher a snoring teacher on a cozy rug in a napping classroom Where everyone is sleeping	sketchbook

Procedure		P. 4 — And on that teacher
		There is a child dreaming/ dozing/
		snoozing/ slumbering/ (아이 이름) on
		a cozy rug in a napping classroom
		Where everyone is sleeping
		*Reading : Let's read again story book. (all)
		*Speaking : Let's discussion about the theme
		  — Tell me how the illustrations in the Nap-
		    ping House made you feel.
		  — Do you suppose the author was inviting
		    you to join in the words of the story?
		  — Tell me where the artist hid the dog before
		    it climbed on the bed.
		  — How did the artist make the flea easy to
		    find in every picture?
		  — Did it surprise you that one little flea bite
		    caused such a commotion?
		  — What would happen if we changed the
		    order of things in the story?
		  — Why do you think the colors in the pic-
		    tures changed?
		  — Which house would you rather go in the
		    one at the beginning or the ending of the
		    story?
		  — I wonder where in the story you were
		    thinking " I just love that part!"
		  — Which illustration is your favorite? Which
		    character?
		  — I wonder if something like that ever hap-
		    pened to you.
		* Activity : Now, let's make a napping house
		together. First, color the house with the colors
		you like. During you color the house, I pre-
		pare the characters and bed.

	**Wrap-up
	5'**
		* Go over it again.
		  — words : nap snore doze slumber snooze
		  — sentences : And in that house
		               there is a bed,
		               a cozy bed in a napping house,
		               where everyone is sleeping.
		* homework : Please, listen to the CD. good-
		bye

레슨 플랜 양식에 맞춰 잘 작성한 레슨 플랜이다.

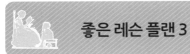

좋은 레슨 플랜 3

Sub plan 1

▶Title	Ready for Anything (written by Keiko kasza)		
▶Students	Age: 8~9		
▶Objective	1. Let the students learn to think positively. 2. Let the students learn Grammar in structure "What if~?".		
▶Topic	Ready for Anything		
▶Theme	Let the students learn to change from negative thought to positive thought.		
▶Language Point	Ready for Anything, what if~?,		
▶Material	Story book, flash cards, colored papers, pens		
▶Stage	▶Procedure		
	Teacher	Student	Time
Warm-up	Greeting and introduce today's lesson(with duck & raccoon's photos).	Listen to the teacher's introduction and say hello to teacher.	3'
Devel-opment / Presentation (Before Reading)	Ask about story book pictures.	Think and answer about teacher's questions.	5'
Practice (While Reading)	Read aloud. Shared reading.	Follow the teacher's reading or storytelling and comprehend the story. Read the story with teacher (read the key words & phrase)	10'
Production (After Reading)	Check the student's comprehension. Check the vocabulary.	Answer the teacher's asking about story book. Do the crossword and the Bingo game, fold colored paper.	20'
Wrap-up	Say good-bye.	Say good-bye.	2'

▶Title	Ready for Anything (written by Keiko kasza)	
▶Students	Age: 8~9	
▶Objective	1. Let the students learn to think positively. 2. Let the students learn Grammar in structure "What if~?".	
▶Topic	Ready for Anything	
▶Theme	Let the students learn to change from negative thought to positive thought.	
▶Language Point	Ready for Anything, what if~?.	
▶Material	Story book, flash cards, colored papers, pens	

▶Stage	▶Procedure		
	Teacher	Student	Time
Warm—up	▶Greeting T: Good morning, boys and girls. S's: Good morning, Miss Kim. T: It is a beautiful day. How are you today? S's: Fine. Thank you. And you? T: Very well, thank you. Did everyone have a nice weekend? S's: Yes. T: What did Ji—Young do last weekend? J: I went to Everland. T: Great! Did you have a good time? J: Yes, I did. T: Very good! (Teacher can ask this question by turns) ▶Introduce today's Lesson T: (Teacher walks into the class with the story book and tells about cover of the story book) Everyone, look at the picture. Can you tell me the title of story book? S's: Ready for Anything. T: Can you tell me what they are? S's: a duck and a raccoon.		3'

	Presentation (Before Reading)	T: O.K well done. Can you tell me what they are doing? S's: They are going on a picnic. T: Excellent. How did u know that they are going on a picnic? S's: The duck is holding the picnic basket. T: Can you guess what will happen before they go on a picnic? S's: Um..I don't know. T: Let's find out...and think about the story.	5'
Devel— opment	Practice (While Reading)	▶Read aloud T: (After students understand the story with picture scanning, teacher 　　reads this story naturally, loudly, funny, rhythmic and teacher can 　　read it pointing the picture, gesture) S's: (They listen to the story and concentrate and comprehend it. They 　　can check their prediction or thinking listening to the story) ▶Shared reading T: Did you hear this story well? S's: Yes! T: What happened before they went on a picnic? S's: Raccoon worried a lot. T: So, are they going on a picnic or not? S's: They are going on a picnic. T: Yes, very good	10'
	Production (After Reading)	▶Check the student's comprehension T: We'll check the story with sheet and write about your view what is 　　negative thought and what is positive thought. 　　Talk about the story book with your partner. ▶Check the vocabulary T: Let's find key words. When you've found it, you've got to say 'Bin— 　　go' 　　Let's catch and say. When I mime, if you know the answer, come out 　　quickly and catch the flash card and say it. S's: (They know the new, key words playing game or doing question) ▶Fold colored paper T: Let's make duck and raccoon with colored papers.(Teacher passes 　　around the colored papers and tells them how to make the duck and 　　the raccoon in English) S's: Wow...(Students make the duck and the raccoon with the colored 　　papers and show their friends) T: How about this? S's: Very good.	20'

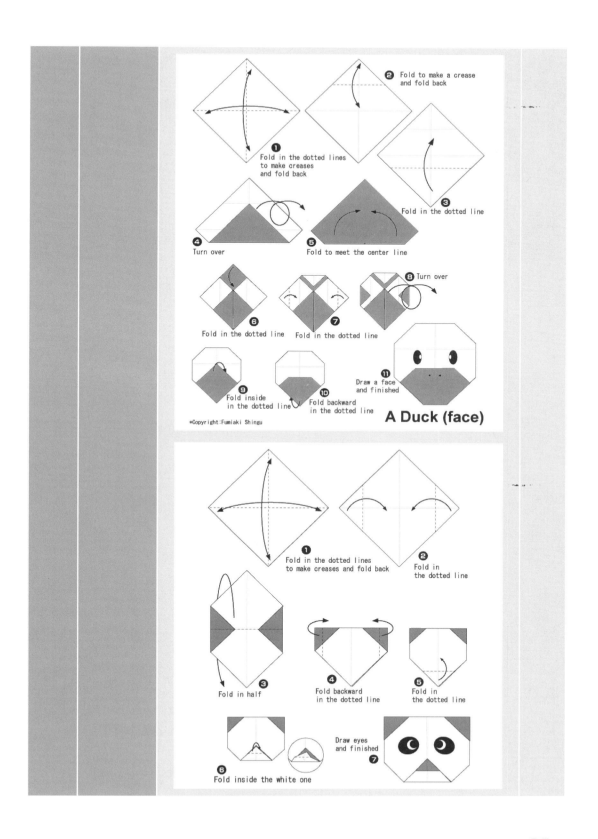

1 Fold in the dotted lines to make creases and fold back

2 Fold to make a crease and fold back

3 Fold in the dotted line

4 Turn over

5 Fold to meet the center line

6 Fold in the dotted line

7 Fold in the dotted line

8 Turn over

9 Fold inside in the dotted line

10 Fold backward in the dotted line

11 Draw a face and finished

A Duck (face)

*Copyright:Fumiaki Shingu

1 Fold in the dotted lines to make creases and fold back

2 Fold in the dotted line

3 Fold in half

4 Fold backward in the dotted line

5 Fold in the dotted line

6 Fold inside the white one

7 Draw eyes and finished

Wrap-up	►Wrap-up & Say good bye T: All right. We'll finish at this time. S's: Yeah! T: Everybody~ you did a good job. I'm very proud of you. S's: Ok! Thank you. T: We'll see and read a funny and new story book next time. The classroom is a mess. Arrange your seat and clean up the classroom, please. S's: Yes. We will. T: I hope you have a nice day. See you tomorrow. S's: Good-bye, Miss. Kim. See you tomorrow.	2'

Useful Expression

I had enough.

식사 때 '많이 먹었습니다'라는 의미인데, 흔히 '잔소리 그만해라'라는
의미로도 사용.
'고마해라! 마이 무따 아이가!'

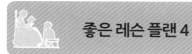

좋은 레슨 플랜 4

Title	The World on Your Plate (Written by Janine Scott / Picture book)				
Students	Class	Class length	Age	Number	Date
	Power	45mins	10 to 11	6	November 4th, 2***
Objective	1. Let students know various world foods. 2. Let students match the food and the country. 3. Let students present the poster that they make after reading				
Topic	World Food				
Theme	The world food and match the food with the country.				
Language Point	Target words : Mexico, Italy , Japan, India, Turkey, China, tortilla, Chili, pasta, flour, seafood, sushi, spice, curry, lamb, stick, wok, rice, noodles				
	Target sentence : In ~ many people cook ~. / ~is made from ~.				
Material	Story book, world map, food pictures, glue, flash cards ▶Students handout: comprehension sheet				
Procedure	Stage	Teacher		Student	
	Warm up 5'	Greet and introduce today's topic with world map, picture and food pictures.		Say hello to the teacher and listen to teacher's introduction.	
	Before Reading 10'	Introduction of vocabulary. Picture walk–ask about pictures in the storybook.		Look at the pictures and answer the teacher's questions	
	While Reading 10'	Read aloud Shared reading		Follow the teacher's reading or story telling and comprehend the story. Read the story with the teacher. (Read the key words/ read the key phrase)	
	After Reading 18'	Reading : prepare a comprehension sheet Writing : have students make a poster Speaking : have students present the poster Listening : students listen to the classmate's presentation		Follow the teacher's direction. Do the comprehension sheet individually.	
	Wrap up 2'	Have a wrap up time. Say good bye		Say good bye	

Title	The World on Your Plate				
	(Written by Janine Scott / Picture book)				

Students	Class	Class length	Age	Number	Date
	Power	45mins	10 to 11	6	November 4th, 2***

Objective	1. Students can know various world foods. 2. They can match the food and the country. 3. They can present the poster that they make after reading
Topic	World Food
Theme	The world food and match the food with the country.
Language Point	Target words : Mexico, Italy , Japan, India, Turkey, China, tortilla, Chili, pasta, flour, sea-food, sushi, spice, curry, lamb, stick, wok, rice, noodles Target sentence : In ~ many people cook ~. / ~is made from ~.
Material	Story book, world map, food pictures, glue, flash cards ▶Students handout: comprehension sheet

Procedure	Stage	Script	Time
	Warm up	Material : White board, markers, world map, food pictures ▶Greeting T: Good afternoon, everyone! How are you feeling today? Ss: Good afternoon, teacher. I'm great, thank you, and you? T: I'm pretty good, thank you. Okay, What date is it today? What day is it? What's the weather like outside? Ss: It's November 4th. It's Monday. It's sunny and cold. ▶Introduction (Elicit the topic with the world map and food pictures) T: Okay, let's get started. Everyone, please take a look at this world map. What countries do you know? Ss: Korea, Japan, China, America……. T: Thant's good. (Point each country) Here is Japan, Mexico, India, Italy, Turkey and China. And please look at these pictures. What are they? Ss: Spaghetti, curry, rice……	5'

T: Yes! This is pasta, curry, tortilla, sushi, rice, lamb.Each food is from each country.

Material :
Storybook, flashcards

▶Introduction of vocabulary

T: Today we are going to read and learn about the food and the country. Before looking at the storybook, let's learn some words. (Use the flash cards and have students repeat the example sentences after the teacher)

Flat: The tortilla is flat.

Flour: Pasta is made from flour.

Seafood: I like seafood such as fish and shrimp.

Spice: People put spices in their food.

Stick: The man is cooking meat on metal sticks.

Wok: Chinese kook their food in a wok.

▶Picture walk

T: Look at the cover page. What do you see?

Ss: A girl.

T: What's she doing?

Ss: She's eating pasta.

T: Very good. What's the title?

Ss: The world on your plate.

T: Let's look at the pictures inside. Look at this picture, what's she making?

Ss: She is making a pancake.

T: It looks like a pancake but it's a tortilla. You can put some vegetables like this. Does it look delicious?

Ss: No, it looks ugly.

T: Yes, it looks a little messy, but you can wrap it up and eat it. Let's move to the next page, what's she making?

Ss: She's making noodles.

T: It's pasta. She's making pasta. It looks delicious. And, what's he eating?

Ss: He's eating rice.

T: Yes, he's eating some rice. And what's this?

Ss: That's Gimbab.

T: We call it Sushi, Japanese food. Okay, look at this picture, what's he doing?

Ss: He's ······.

Before Reading

10'

	T: He's selling some spices at a market. Wow, there are many kinds of spices, right? Take a look at this picture, he's cooking some meat and vegetables. Can you guess what kind of meat it is? Ss:: I don't know…… T: You'll learn that later. And here, where do you think they are from? Ss: China! T: Yes, very good! They are from China and this is their food.	

Material :
Storybook

| While Reading | ▶Read aloud
T: (After students understand the story with picture scan-ning, teacher read this story naturally, loudly, rhythmic. And teacher can read it with point the picture, gesture)
Ss: (They listen to the story, concentrate and comprehend it. They can connect the food with the country and think as listening to the story.)
▶Shared reading
T: Did you listen to the story and understand it well?
Ss: Yes!
T: Excellent! Then, let's match the food with the country. Which country's people eat tortilla?
Ss: Mexico~ They eat tortilla.
T: Yes! In Mexico, people eat tortilla. What about pasta?
Ss: Italy! They eat pasta.
T: Very good. In Italy, people eat pasta. And What do people eat in Japan?
Ss: In Japan, people eat sushi.
T: Excellent! And India?
Ss: In India, people eat curry.
T: Great! And in Turkey, what do people eat?
Ss: They eat lamb and vegetables.
T: Very good! And last, what about China?
Ss: They eat rice and noodles.
T: Excellent! | 10' |

After Reading	Material : Handout (comprehension sheet), world map, food picture, a piece of paper	
	▶Check the students' comprehension (Reading) T: (Pass around the comprehension sheet handout.) We'll check the story with some questions. Please read the questions carefully and check the correct answers. (Give students 3minustes to finish it by themselves.) Ss: (They read the questions carefully and check the answers) T: (When students finish marking the answers, check the correct answers all together) ▶Writing T: Great! Now, we are going to make a poster with the world map. You can choose one country, pick the pictures that I brought and write some information from the story book. After that, we are going to present it. Okay? Ss: Okay, teacher! (Ss choose the country and pick some pictures. Write the information from the book and be ready for presentation) ▶Speaking & Listening T: Are you ready to speak your country and food? Ss: Yes. We are ready. T: Great! (Call students one by one.) Ss: (One student come to the front and tells about the country and the food. The other students listen to him or her)	18'
Wrap up	T: Okay, everyone! You did really well! Good job! That's all for today. For next class, I'll bring an exciting and interesting book for you. Ss: Okay. Thank you teacher. Have a nice day. T: Have a nice day! See you next time, good bye.	2'

좋은 레슨 플랜 5

Title	999 Tadpoles		Writer:Ken Kimura / Ilustrator:Yasunari Murakami		
Student profile	Class		Date		Size
	4ᵗʰ grade, elementary school		March 5th, 2***		20
Objectives	In this lesson, students are be able to − Students will predict the 'life cycle of a flog' story − Students will understand tadpole the changes − Students will Learn the words related in the 'life cycle of a flog'				
Topic	Tadpole & Flog				
Theme	Life cycle of a flog				
Language point / Target phrase	Egg, tadpole, grow, legs, froglet, breathe, lungs, frog, front, back / These are ~. This is a ~.				
Materials	Picture−card, Book, Worksheets, Pencil, Eraser, Scissor				

Step		Teaching Procedure	Time	Materials
Process	warm − up	− Greetings, Review − To introduce about today's lesson.	5'	Picture−card
	Before telling	− Today's Message − Prediction from the cover − Using cards, have students identity the names of the objects.	3'	Book
	While telling	− Read aloud − Shared reading (Picture walking)	7'	Book, Picture−card
	After telling	− Listening : 'Frog growth process' (write down the number to hear the story.) − Reading : 'Life cycle of a flog' (워크시트 shown in frog watching the growth process read.) − Writing: 'Life cycle of a flog' (Read and write.) − Speaking : "pop−up book" (They have created a book to your partner talk.) −Let's Play : 'Ganggangsullae' (See, hear and speak frog growth process)	20'	Picture−card / Book /Work−sheets /Pencil /Eraser /Scissor
	Wrap − up	− Review − Saying Good−bye	5'	Picture−card

Step	Contents	Teacher·Student Activities	Time	Materials
Introduction	Warm-up	◆Greetings T: Hello, everyone. 　How are you? Ss: I'm fine. Thank you. And you? T: I'm fine, too. 　Look at the sky. 　How's the weather today? Ss: Cloudy. It looks like it's going to snow.	2'	
	Review	◆Review (지난시간 배운 단어 복습) T: Now, listen everybody. 　Do you remember what we learned in 　the last class? Ss: Yes. T: OK. Look here. 　Here are some words. 　The words are not in the right order. 　Who can arrange these words correctly? 　(지난시간 배운 단어를 섞어 놓기) 　Let's read these words aloud. 　(지난시간 배운 단어를 보고 읽기)	3'	*알파벳을 섞어 배열한 낱말카드
	Confirmation of objectives	◆Confirmation of objectives 　(그림카드 보고, 영어로 말하기) T: Now, look at these pictures. 　Paper statement behind the picture card was writ- 　ten is hidden. 　(그림 카드 중 하나를 가리키며) What's this? Ss: ＿＿＿. T: OK. It is ＿＿＿. What's this? Ss: ＿＿＿. T: OK. It is ＿＿＿. What's this? 　There is a sentence on a piece of paper. 　Let's read it.	3'	*그림카드 뒤에 어떤 글이 적힌 종이가 숨어있는 그림카드 준비
Develop-ment	Presentation	◆Storytelling (999 Tadpoles) T: First, Let me put this picture on the 　black-board. (연못배경 붙이기) 　(주인공모습 살펴보기①/올챙이그림 보여줌) 　What's this? Ss: It's tadpole. T: OK, it's a tadpole. 　What's the color of his body?	7'	

| | | Ss: Green.
T: Yes, he also has a long tail and a large mouth.
　Now, I'll tell you about '999 Tadpoles' Listen care-
　fully. (동화책 읽어줌)
　(주인공모습②/뒷다리생긴 올챙이그림 보여줌)
　What is the difference?
Ss: He has long back legs.
T: Yes, he has long back legs.
　After a few days, his body changes again.
　(주인공모습③/앞다리생기고, 꼬리 짧아진 올챙이그
　림 보여줌)
　What is the difference?
Ss: He has short front legs and his tail is short.
T: Yes, he has short front legs and his tail is short.
　After a few days, his body changes one more time.
　(주인공 모습④/개구리그림 보여줌)
　What is the difference?
Ss: The frog has four legs. It doesn't have a tail, and
　his body is big.
T: Good job. | | |
| Practice | ◆Listening Activity1
T: Did you listen carefully to the story?
Ss: Yes.
T: Pass around these handouts, please.
　Now, write down the number to hear the story. Fill
　in the blanks. Are you ready?
Ss: Yes.
T: 1. Eggs are protected by a transparent, thick jelly.
　2. The tadpole breathes using gills.
　3. The tadpole grows legs.
　4. The froglet starts to breathe with lungs.
　5. The adult frog can lay hundreds or thousands of
　　eggs. | 10' | *Worksheets,
Pencil,
Eraser,
Scissor |

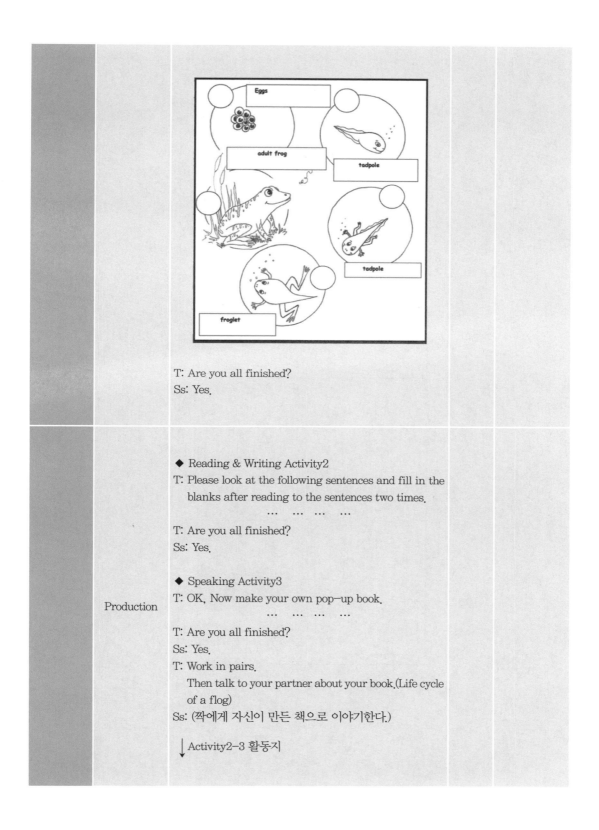

T: Are you all finished?
Ss: Yes.

Production

◆ Reading & Writing Activity2
T: Please look at the following sentences and fill in the
   blanks after reading to the sentences two times.
          …   …   …   …
T: Are you all finished?
Ss: Yes.

◆ Speaking Activity3
T: OK, Now make your own pop-up book.
          …   …   …   …
T: Are you all finished?
Ss: Yes.
T: Work in pairs.
   Then talk to your partner about your book.(Life cycle
   of a flog)
Ss: (짝에게 자신이 만든 책으로 이야기한다.)

↓Activity2-3 활동지

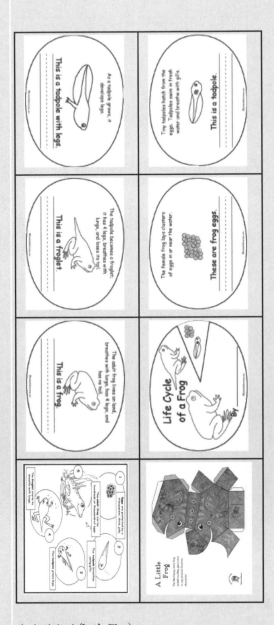

◆ Activity4 (Let's Play)

T: It's time to play a game.

   Do you know how to play '강강술래'?

Ss: Yes.

		T: This game is very interesting.		
		Let's make four groups.		
		All members hold each other's hands in a circle.		
		There are ten cards inside your circle.		
		Turn clockwise and sing the 'Body Song'.		
		Do you know 'Body song'?		
		(Head, shoulders, knees and toes)		
		Ss: Yes.		
		T: OK. When I say "STOP", one person in each group should step inside and pick up a card.		
		For example, If to give this card..		
		You can tell.	10'	
		"This is a tadpole with legs"		
		Then to say that someone else should follow.		
		And put the card in the box.		
		If you talk to, a friend who was standing next to come out and help as.		
		Do not put the card in the box.		
		People are pointing to the next turn.		
		When I say "START" turn clockwise again, sing a song and pick up another card.		
		At the end of the game, team remaining less card wins.		
		Do you understand?		
		Ss: Yes.		
		T: OK, let's start.		
		Ss: (Play the game called '강강술래')		
Consolida-tion	Review	◆Round up T: Did you enjoy the game? Ss: Yes. T: Let's review what we have learned today. 　(Ask questions : Card presentation that relate to the frog life) Ss: (Answer the teacher's questions.)	5'	*Picture cards
The next class		◆The next class T: Next class, we'll learn new expressions. 　Practice at home what you have learned today. Time up. Let's sing a 'Good-bye song'. Ss: (Sing a song together.)		

This/tadpole with legs

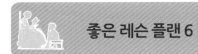

Sub plan 1

Title	PETE`S A PIZZA (Written and Illustrated by WILLIAM STEIG)	
Students	Age: 7~10	Class name: Kylas class
	Size: 4~6	Date: November 7, 2***
Objective	1. All of students can know about story of PETES PIZZA 2. Most of them can feel of daddys love. 3. Most of them can know how to make a pizza. 4. Also, They can learn some grammar through this book.	
Topic	Pizza	
Theme	Let the students can know how to make a pizza and can feel of daddys love.	
Language point	bad/ mood/ supposed/ rain/ father/ mother/ son/ capture hug/ pizza/ pizza-maker/ kitchen table/pizza/ pizza-maker/ flour/ kneading/ dough/ oil/ applied/ tomatoes/ cheese/ pepperoni/ oven/ slice...	
Material	Storybook/ Photos about Pizza/ Puppet/ story CD/ water spray/ talcum powder/ checkers/ papers/ sofa or chair/ table or mat	

		Teacher	Student
Procedure	Warm-up	Greeting and introduce about todays lessen(with the book 'PETE'S PIZZA).	Listen to the teachers introduction and say hello to teacher.
	Before Reading	Ask about feeling pictures. Ask about story book pictures.	Think and answer about Teachers Questions.
	While Reading	Read aloud Shared reading	Follow the teachers reading or story-telling and comprehend the story.
	After Reading	Check the students comprehension. Check the vocabulary and some grammar.	Answer the teachers asking about story book
	Wrap-up	Say good bye.	Say good bye.

Title	PETE`S A PIZZA (Written and Illustrated by WILLIAM STEIG)	
Students	Age: 7~10	Class name: Kylas class
	Size: 4~6	Date: November 7, 2***
Objective	1. All of students can know about story of PETES PIZZA 2. Most of them can feel of daddys love. 3. Most of them can know how to make a pizza. 4. Also, They can learn some grammar through this book. (~in bad mood/ made into a pizza/ It decides to rain/ look for~...)	
Topic	Pizza	
Theme	Let the students can know how to make a pizza and can feel of daddys love.	
Language point	bad/ mood/ supposed/ rain/ father/ mother/ son/ capture hug/ pizza/ pizza—maker/ kitchen table/pizza/ pizza—maker/ flour/ kneading/ dough/ oil/ applied/ tomatoes/ cheese/ pepperoni/ oven/ slice...	
Material	Storybook/ Photos about Pizza/ Puppet/ story CD/ water spray/ talcum powder/ checkers/ pa—pers/ sofa or chair/ table or mat	

Procedure	Warm—up	★Greeting & Introduce about todays lessen T: Hello everyone! How are you today? Ss: Fine. Thank you. And you? T: Im fine, too. thank you. How was your last weekend? Ss: Its was good. T: Good. I went to bookstore and bought a interesting book last weekend for you. Ss: What kind of book? T: Do you wounder? Ss: Yes~~ T: Okay! Please wait and then Im gonna tell you story about the book. Time	time 3'

	Before Reading	★Motivation of reading
		T: Look at the pictures(about how to make a pizza).
		    This pizza looks delicious. Do you like pizza?
		    Then, Do you know how to make a pizza?
		    Have you ever make it?
		Ss: Yes, I have. / No, I havent.
		T: Oh, right. What ingredients do you need make pizza?
		Ss: dough, oil, Tomato sauce, olive, bacon, corn, potato... etc)
			7'

| | | T: Good. Lets see about how to make a pizza today.
T: (Take out puppet) "Hello? Im PETE. Nice to meet you."
Ss: Nice to meet you, too.
T: Hi, PETE. Oh, I think you are in bad mood.
   Whats wrong?
   "Ye.. yes. I am in bad mood."
Ss: Why?
T: "Because When Im supposed to play ball with the guys, It decides
    to rain. so, I am in bad mood."
   Oh, poor boy.
   Everyone! What do you think How can he feel better?
Ss: (Each of students share their experience freely.)
T: Okay!! But, I feel better now. no! I feel happy now. Because of my
   daddy."
   Oh, Good for you. Lets listen to PETE How PETE can feel happy.
Ss: yes!!!!! | |
| While Reading | | ★Read aloud
T: (Teacher read this story naturally, loudly, funny, rhythmic.
   And teacher can read it with point the picture, gesture.)
Ss: (They listen to the story and concentrate and comprehend it. They
    can check their prediction or thinking with listen to the story.)
T: Look at the cover of book. Whats title?
Ss: PETES A PIZZA.
T: Written and Illustrated by WILLIAM STEIG.
⟨Books Story⟩
PETEs in bad mood.
T: What is PETEs in a bad moon?
Ss: When Hes supposed to play with the guys, It decides to rain.
T: Yes, right.
   Just When Hes supposed to play with the guys, It decides to rain.
T: Look at the book. Its raining now. PETE is watching the rain with
   a disappointed look on his face.
   PETEs father cant help noticing how miserable his son is.
   He think it might cheer PETE up to be made into a pizza.
T: How can PETE make into a pizza?
   What do you think?
Ss: (Each of students share their idea freely.)
   So, he sets him down on the kitchen table. | 8' |

And starts kneading the dough.

Next, some oil is generously applied.

T: (Its really water.)

Then comes some flour.

T: (Its really talcum powder.)

And then some tomatoes.

T: (They're really checkers.)

PETE cant help giggling when his mother says she doesnt like tomatoes on her pizza.

"All Right," says his father, "No tomatoes, just some cheese."

T: (The cheese is pieces of paper)

"How about some pepperoni, PETEY?"

PETE cant answer because hes only some dough and stuff.

But when that dough gets tickled it laughs like crazy.

"Pizza are not supposed to laugh!"

"Pizza-makers are not supposed to tickle their pizza!"

"Well," Says his father, "Its time for this pizza to be in the oven."

T: PETE pizza is too big! Can put PETE Pizza in oven?

What his father use a something instead of oven?"

Can you guess? Tell me What you think.

Ss: (Each of students share their idea freely.)

T: Good try. But not right." Look at the book and lets check. Wow!! His father used sofa instead of a oven."

"Ah! now our pizza is nice hot!"

PETEs father brings the pizza to the table.

"Its time to slice our pizza," He says.

But the pizza runs away and the pizza-maker chases him.

The pizza gets captured and hugged.

Now the sun has come out.

And so the pizza decides to go look for his friends.

After Reading	★Lets recall about the story. (listening) T: We are gonna listen to the CD about This story again. 　Lets close your eyes and try to recall about the story listening to CD. Ss: (Students just listen to the CD and try to recall about the story.) ★Check the students comprehension (speaking) T: How was the story? Ss: That was fun!!!!! T: How could he feel better?	30'	

Ss: His father made him into a pizza.

T: If you were PETE, What would you like it?

Ss: If it was me, I felt itchy, fun and happy."

T: What ingredients used his father when made a PETE pizza?

Ss: water, talcum powder, checkers, pieces of paper and sofa!!

★Lets make a pop-up book (writing & reading)

T: Look at my book. Whats happening?

Ss: Wow~ The Pizza pop-up!!!

T: Shall you make your own special pop-up book?

Can you follow me like this? (Teacher demonstrated how to make a pop-up book for students.)

Lets announce your owe pop-up book after making your a pop-up book.

Ss: Yes, teacher.

★Do role-play

T: Okay, Everyone! Lets try to make a pizza with your friends. Lets make team with next to your friend.

And one of you are going to be pizza-maker and another one of you going to be pizza.

Ss: Teacher!! But, we dont have ingredients.

T: And then, Why dont we make ingredients our selves?

Ss: How can we make it?

T: Its up to you!

For example.. You can use piece of paper like this book.

You can use special something other for your team.

Ss: Okay!! I think It will be fun!!!!!

T: Sure, It wii be.

Wrap-up	★Wrap-up & Say good bye. T: Everybody~ You did a great job!! Well see, read the funny and new story book next time. Ss: Okay! Thank you teacher. Have a good day! 　Good-bye. T: 　Good-bye. See you next time.	2'

좋은 레슨 플랜 7

Title		Seven Blind Mice (written by Ed Young)	
Students	Age : 9	1st lesson	Date : Jan 27. 2***
Objectives	Students learn about colors , the days of a week and ordinal numbers.		
Topic	Seven blind mice, an elephant		
Theme	Wisdom comes from seeing the whole.		
Language point	Colors(red, green, yellow, purple, orange, blue, white) Days(Monday, Tuesday, Wednesday, Thursday, Friday, Saturday, Sunday) Ordinal numbers(first, second, third, fourth, fifth, sixth, seventh)		
Material	mouse puppet, colored mice, days, ordinal numbers, book, Worksheets, color pencils		

		Teacher	Materials
Procedure 50'	Warm-up 3'	− Greeting(feeling and weather) − Song : "There are 7 days in a week."	
	Before reading 7'	− Introduce a mouse puppet. − The mouse talks about the book cover and title. − The mouse puppet introduces his 7 friends and counts from 1 mouse to 7 mice.	mouse puppet 7 mice, book
	While reading 5'	− Read a story book.	book
	After reading 30'	Activity 1. Condensing the whole story again. Activity 2. Matching the day-colored mouse− −ordinal number−something strange. Activity 3. Coloring and writing on a 워크시트.	days, mice, ordinal numbers, something strange cards, work sheet
	Wrap-up 5'	− Review − Say good-bye.	

Title	Seven Blind Mice (written by Ed Young)		
Students	Age : 9	1st lesson	Date : Jan 27, 2***
Objectives	Students learn about colors , the days of a week and ordinal numbers.		
Topic	Seven blind mice, an elephant		
Theme	Wisdom comes from seeing the whole.		
Language point	Colors(red, green, yellow, purple, orange, blue, white) Days(Monday, Tuesday, Wednesday, Thursday, Friday, Saturday, Sunday) Ordinal numbers(first, second, third, fourth, fifth, sixth, seventh)		
Material	mouse puppet, colored mice, days, ordinal numbers, book, Worksheets, color pencils		

	Step	Teacher	Materials
Proce—dure 50'	Warm—up 3'	Greeting − Hello! Everyone. Nice to meet you.　　　　　　How do you feel today?　　　　　　　What's the weather like outside? Song − Do you know　'There are seven days.' song?　　　　Let's sing along together.	
	Before reading 7'	Shhh! Can you hear the voice of somebody? [mouse voice] "Squeak, squeak" Who is it? (Hint : showing ears.) Let's call the mouse. mouse! mouse! Come out! [mouse voice] "Hi, Nice to meet you all. My name is Mouse. I have a book for you. Take a look at this book. Can you read this title? Seven blind mice! Who wrote this book? Ed Young. How many mice are there on the cover? I have many friends. I wanna introduce my friends. Come out! come out! 1 mouse, 2 mice, 3 mice, 4 mice, 5 mice, 6 mice and 7 mice. They are blind. They can't see at all. Seven blind mice"	mouse puppet, 7 mice, big board, book
	While reading 5'	Now it's time to read the book. 〈Read the book aloud〉 What's the moral of the mice? Wisdom comes from seeing the whole. Activity 1. Condensing the whole story again. Now let's check out the whole story again. One day, Seven blind mice were surprised. What is it? They cried, and all ran home. On Monday, Red mouse went first to find out.　　　　　"It's a pillar." // "No, no, no"	book

Proce–dure 50'	After reading 30'	On Tuesday, Green mouse was the second to set out. "It's a snake." // "No, no, no" On Wednesday, Yellow mouse was the third in turn. "It's a spear." // "No, no, no" On Thursday, Purple mouse was the fourth. "It's a cliff." // "No, no, no" On Friday, Orange mouse was the fifth to go. "It's a fan." // "No, no, no" On Saturday, Blue mouse was the sixth to go. "It's a rope." // "No, no, no" They began to argue. "a pillar", "a cliff", "a snake".... On Sunday, White mouse, the seventh mouse, went to the pond. White mouse ran up on side, down the other, across the top and from end to end. "Ah–ha! I see! The something is as sturdy as a pillar, supple as a snake, wide as a cliff, sharp as a spear, breezy as a fan, stringy as a rope. Altogether the something is ....an elephant." Activity 2. Matching the days–colored mice– ordinal numbers–something strange. Now match the cards on the board. [T] What day is the first day of the week? – [S] Monday [T] Who went first? – [S] Red mouse (was the first.) [T] What did he say? – [S] It's a pillar. [T] Was it a pillar? – [S] No, it was an elephant's leg. [T] What day is the second day? – [S] Tuesday [T] Who went second? – [S] Green (was the second.) [T] What did he say? – [S] It's a snake. [T] Was it a snake? – [S] No, it was a trunk. [T] What day is the third day? – [S] Wednesday [T] Who went third? – [S] Yellow (was the third.) [T] What did he say? – [S] It's a spear. [T] Was it a spear? – [S] No, it was an ivory. [T] What day is the fourth day? – [S] Thursday [T] Who went fourth? – [S] Purple (was the fourth.) [T] What did he say? – [S] It's a cliff. [T] Was it a cliff? – [S] No, it was a head. [T] What day is the fifth day? – [S] Friday [T] Who went fifth? – [S] Orange (was the fifth.)	mice, something strange cards, big board

Proce- dure 50'	After reading 30'	[T] What did he say? — [S] It's a fan. [T] Was it a fan? — [S] No, it was an ear. [T] What day is the sixth day? — [S] Saturday [T] Who went sixth? — [S] Blue (was the sixth.) [T] What did he say? — [S] It's a rope. [T] Was it a rope? — [S] No, it was a tail. [T] What day is the seventh day? — [S] Sunday [T] Who went seventh? — [S] White (was the seventh.) [T] What did he say? — [S] It's an elephant. [T] Was it an elephant? — [S] Yes, it was an elephant. Activity 3. Coloring and writing on a 워크시트. Please, pass around these handouts. Take out your color pencils. Follow my directions from now on. — Say the first sentence loudly. — Fill in the blanks and color the pictures. Seven blind mice	days, mice, ordinal numbers, something strange cards, big board work sheet, color pencils
	Wrap-up 5'	Review — Did you have a good time? Before we end this lesson, let's review one more time. (Repeating all coating cards while taking off from the board.) "On 요일, 색깔 mouse went 서수, it's a 사물." You did a great job today! It's time to say good-bye. See you later. See you soon!	

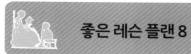 좋은 레슨 플랜 8

Title	Who Stole the Cookies from the Cookie Jar? (pictures by Jane Manning)		
Students	Age : 4~8		
Objective	Student can speak the Animal's name. Student can count numbers.		
Topic	Cookies, Cookie Jar, Animals, Number		
Theme	Taking the shot sentence.		
Language point	Words : Dog, Kitty, Mouse, Bunny, Piggy Sentence : Who Stole the Cookies from the Cookie Jar? Who me? / Yes, you! Couldn't be! / Then who?		
Material	Story book(Pop-up book) / Board / Flash cards / Word cards CD and CD-player		

		Teacher	Student	Time
Proce- dure	Warm-up	Greeting Introduce : today's lessen about book.	Listen to the teacher's introduction and say hello.	3'
	Before Telling	Take a look about story book. Play CD-player	Talk and think about teacher's questions.	5'
	While Telling	Story Reading	Listen and say follow the teacher.	20'
	After Telling	융판에 Flash cards와 Word cards를 맞게 찾아 붙이게 하며, 책의 내용을 이해했는지 알아본다.	Talk the teacher's question about book and set in array word cards.	10'
	Wrap-up	Say good-bye.	Say good-bye.	2'

Title	Who Stole the Cookies from the Cookie Jar? (pictures by Jane Manning)		
Students	Age : 4~8		
Objective	Student can speak the Animal's name. Student can count numbers.		
Topic	Cookies, Cookie Jar, Animals, Number		
Theme	Taking the shot sentence.		
Language point	Words : Dog, Kitty, Mouse, Bunny, Piggy Sentence : Who Stole the Cookies from the Cookie Jar? Who me? / Yes, you! Couldn't be! / Then who?		
Material	Story book(Pop-up book) / Board / Flash cards / Word cards CD and CD-player		

	Step	Teaching-learning	Material
Proce-dure 40'	Warm-up 3'	* Greeting T: Hello everyone! How are you today? Ss: I'm good. Fine * Introduce today's lesson T: I'm going to tell today's topic story, "Who Stole the Cookies from the Cookie Jar?"	
	Before Telling 5'	T: Look at the book. Can you tell me the title of story book? Ss: 항아리(단지), 쥐, 고양이, 강아지, 토끼, 돼지가 있어요 T: O.K. Well done. Can you tell me what they are doing? Ss: They are tell me something. T: Good job! Can you guess what they are tell you something? Ss: 항아리 안에 뭐가 들어있다고 얘기할 것 같아요. T: Excellent. And then, What's that in the jar? Ss: Cookie? Candy? Animal? T: Let's do the listening.	Book CD CD-player
	While Telling 20'	T: Let's read the book. "Who Stole the Cookies from the Cookie Jar?" Ss: Yes. Teacher. * Reading	Book

<table>
<tr><td rowspan="2">Proce-dure 40'</td><td rowspan="2">While Telling 20'</td><td>

Who stole the cookies from the cookie jar?
<u>Dog</u> stole the cookies from the cookie jar!

| Kitty Mouse Bunny Piggy | Who me? Yes, you! Couldn't be! Then who? Did you? |

T: Then, You tell me "Who stole the cookies from the cookie jar?" Who first?

Ss: It's the Dog.

T: Yes. What is Dog doing?

Ss: 목욕하고 있어요.

T: All right. Dog have a bath. Can you see the cookie jar behind bathroom?

Ss: Yes, I see.

T: After bath, Dog stole the cookies from the cookie jar?

Ss: Yes / No / I don't know.

T: And then, Let's ask to the Dog. You tell me the answer together. (open up the cookie jar) "Dog stole the cookies from the cookie jar?"

Ss: Who me?

T: Yes, you!

Ss: Couldn't be!

T: Then who?

T: Excellent. How many cookies are there in the cookie jar?(next page)

Ss: 다섯 개요.

T: That's right. There are five cookies in the cookie jar.

T: Let's ask Kitty. What is Kitty doing?

Ss: 요리하고 있어요.

T: Yes. Kitty is cooking. Can you see the cookie jar behind Kitty?

Ss: Yes, I see.

T: After cooking, Kitty stole the cookies from the cookie jar?

Ss: Yes / No / I don't know.

T: And then, Let's ask Kitty. You tell me the answer together. (open up the cookie jar) "Kitty stole the cookies from the cookie jar?"

Ss: Who me?

T: Yes, you!

Ss: Couldn't be!

T: Then who?

</td><td>Book</td></tr>
</table>

| Proce—dure 40' | While Telling 20' | T: Excellent. How many cookies are there in the cookie jar? (next page)
Ss: 네 개요.
T: That's right. There are four cookies in the cookie jar.
T: Let's ask Mouse. What is Mouse doing?
Ss: 쿠키항아리를 그리고 있어요.
T: Yes. Mouse is painting. Can you see the cookie jar?
Ss: Yes, I see.
T: After painting, Mouse stole the cookies from the cookie jar?
Ss: Yes / No / I don't know.
T: And then, Let's ask Mouse. You tell me the answer together. (open up the cookie jar)
   "Mouse stole the cookies from the cookie jar?"
Ss: Who me?
T: Yes, you!
Ss: Couldn't be!
T: Then who?
T: Excellent. How many cookies are there in the cookie jar? (next page)
Ss: 세 개요.
T: That's right. There are three cookies in the cookie jar.
T: Let's ask Bunny. What is Bunny doing?
Ss: 당근을 심고 있어요.
T: Yes. Bunny grow carrots. Can you see the cookie jar?
Ss: Yes, I see.
T: After growing, Bunny stole the cookies from the cookie jar?
Ss: Yes / No / I don't know.
T: And then, Let's ask Bunny. You tell me the answer together. (open up the cookie jar)
   "Bunny stole the cookies from the cookie jar?"
Ss: Who me?
T: Yes, you!
Ss: Couldn't be!
T: Then who?
T: Excellent. How many cookies are there in the cookie jar? (next page)
Ss: 두 개요.
T: That's right. There are two cookies in the cookie jar.
T: Let's ask Piggy. What is Piggy doing?
Ss: 신문을 보고 있어요.
T: Yes. Piggy read a newspaper. Can you see the cookie jar? | Book |

Proce- dure 40'	**While Telling 20'**	Ss: Yes, I see. T: After reading, Piggy stole the cookies from the cookie jar? Ss: Yes / No / I don't know. T: And then, Let's ask Piggy. You tell me the answer together. (open up the cookie jar) 　"Piggy stole the cookies from the cookie jar?" Ss: Who me? T: Yes, you! Ss: Couldn't be! T: Then who? T: Excellent. How many cookies are there in the cookie jar? (next page) Ss: 한 개요. T: That's right. There are one cookies in the cookie jar. T: Did you? Ss: No! 제가 안 먹었어요!	Book

* ON Board

1. 그림카드를 보드에 붙이고, 누구인지 맞추게 한다.

Dog	Kitty	Mouse	Bunny	Piggy

2. 단어카드를 보여주고, 문장을 맞게 배열한다.

Who	stole	the	cookies	from	the	cookie	jar

3. 문장카드를 보여주고, 순서에 맞게 배열한다.

Who me?	Yes, you!	Couidn't Be!	Then who?

4. 쿠키항아리와 쿠키 그림을 붙이고, 1, 2, 3 과정을 반복하며 쿠키를 하나씩 떼어내며 남아있는 쿠키의 개수를 묻는다.
5. 마지막에 "Did you?"라고 물어본다.

After Telling 10' — Board / Flash cards / Word cards

Wrap-up 2'

T: We'll finish at this time.
Ss: Yeah!
T: Everyone~ you did a good job. I'm very proud of you.
Ss: Thank you.
T: We'll see and read a funny and new story book next time. I hope you have a nice day. See you.
Ss: Good-bye, teacher. See you tomorrow.

web은 또 다른 형태의 레슨 플랜이라고 할 수 있다. 한눈에 도식화하여 그 수업시간에 무엇을 준비해야 하는지 알 수 있게 해준다. 단 web은 강의자가 혼자 알아보기 쉽게 작성한 것이지 web 자체가 레슨 플랜이 되는 것은 아니다. 각각의 블록 안에 강의자만 알아볼 수 있는 용어로 간단한 메모를 해 놓으면 강의 시 실수하는 일은 거의 없을 것이다. web은 본인만의 간이 레슨 플랜이라고 보면 된다.

Useful Expression

Put yourself in my shoes.

'내 신발을 신어봐'란 의미는 '입장 바꿔 생각해봐'라는 의미이다.

My trip went bananas.

여행이 엉망진창이 되었어.

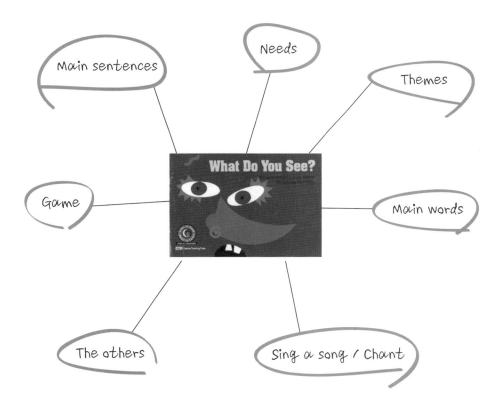

《Get up and go, little dinosaur!》

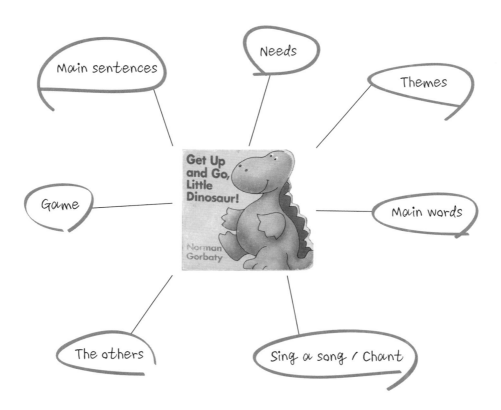

영어교사를 위한 스토리텔링 테크닉

《Have you seen my duckling?》

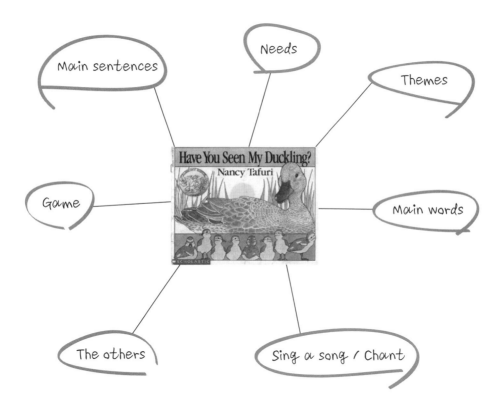

Main sentences

Needs

Themes

Game

Main words

The others

Sing a song / Chant

네번째 스토리, 레슨 플랜 작성하기   135

스토리텔링과
자료 활용

Storytelling Technique

이제부터 본격적으로 스토리 북을 선정하여 실재 수업에 사용할 수 있는 교재 활용에 대해 알아보려고 한다. 그러나 수많은 스토리 북을 이 책에서 전부 다룰 수는 없다. 이 책에서는 몇 권의 교재를 선정하여 깊이 있게 자료를 만들고, 워크시트 만드는 법을 다루려고 한다. 그러면 아마 다른 책을 보더라도 스스로 적용하는 능력이 생기게 될 것이다.

What do you see?

Learn to read용 책이라 예술적 가치는 높지 않으나, 읽기에 눈을 뜨는 시기의 아이들에게 적합한 책이다. 페이퍼 백이라서 가격도 저렴하다. 그러나 실제 이 책으로 수업을 하다보면 20시간으로는 부족함을 느낄 정도로 다양한 것을 강의할 수 있다. After telling 자료에서 쓰기와 관련된 것은 맨 마지막으로 해야 아이들이 영어에 대한 부담이 적다.

앞의 그림판은 《What do you see?》에 나오는 주인공이 결국 괴물이라 임의로 그린 것으로, 교사가 'I see three scary teeth'라고 하면 아동은 들은대로 그리면 된다. 쉽게 느껴지지만 교사는 차례로 부르지 않기에 아동들은 금세 실수하여 엉뚱한 것을 그리기도 한다. 또한 교사는 'teeth' 를 불렀는데 'arms'를 그리기도 하고, 'spots'는 6개인데 10개 그리는 경우도 있으니 잘 확인해야 한다.

규칙은 'scary'라고 했으니 무시무시하게 그리도록 하면 된다. 의외로 여자 아동의 그림은 예쁘고 귀여운 괴물이 되기도 한다. 아마 아동은 더 멋있게 꾸미고 싶어 '아직요Not yet'를 외치며 예상 수업시간을 훌쩍 넘기게 될 것이다. 다 그린 후 교사가 보기에 무서운 것, 약간 더 무서운 것, 가장 무서운 것을 그린 아동 3명을 앞으로 불러내어 'scary-scarier-scariest무서운-더 무서운-가장 무서운'이라는 형용사를 알려주며 그 형용사를 불렀을 때 그림을 번쩍 위로 들어 올리도록 한다. 처음에는 scary 그림을 든 아동의 눈을 보며 'scary'라고 편하게 연습하도록 한다. 아동이 적당히 개념을 알게 되었다고 느꼈을 때 다른 이름을 불러 탈락시키고 마지막 한 명 남은 아이에게 작은 사탕이라도 주면 더 활기찬 수업이 될 수 있을 뿐 아니라 형용사의 최상급까지 부담 없이 학습할 수 있다.

Storyteller's TIP

'scary' 'scarier' 'scaries' 각 상황에 맞는 형용사를 든 아동의 눈을 바라보며 부르면 아동은 게임에서 거의 탈락하지 않게 된다.
적절한 다음 진행을 위해 빨리 게임에서 탈락시키고자 할 경우, 부르는 형용사와 아동이 일치되지 않게 하면 된다. 즉, 'scary'를 부르면서, 교사의 눈은 'scariest'를 들고 있는 아동을 바라보면 된다. 이 규칙에 적응된 아동이 때로 교사와 눈을 마주치지 않고 집중하려고 하기도 한다. 그럴 땐 규칙으로 '반드시 교사의 눈을 바라보기'로 정하면 된다.

워크시트 활용 2 - 세상에서 가장 긴 뱀 그리기

이 워크시트는 괴물의 팔 4개, 다리 5개, 반점 6개를 그리다 보니 괴물의 몸통이 길어질 수밖에 없었다. 그래서 창의력 수업과 연관시켜보았다. 하얀 A4 용지에 뱀의 머리와 꼬리만 있다. 세상에서 가장 긴 뱀을 그려보라는 주문을 하였다. 바로 머리와 꼬리를 잇는 아이, 멋지게 꼬불꼬불 꼬는 뱀 등 다양한 뱀이 그려진다. 가장 긴 뱀은 꼬불꼬불 꼬아지는 것이 많으면 길게 되겠지만, 아직 창의력이 부족한 아동이나 교사의 취지를 잘 이해 못한 아동은 머리와 꼬리를 바로 이어버리는 경우도 있다.

금방 그리기에 몰두한 아이들은 곧 '색칠해도 되요?'라고 물어볼 것이다. 그럴 때에는 '마음대로 하세요'라는 의미로 'It's up to you,' 혹은 'You are the boss'라고 하면 된다. 어느 7세 아동이 큰 동그라미를 나선모양으로 뱅뱅 그리길래 무엇이냐고 묻자 지구를 감싼 뱀이라고 했다. 순간 소름이 돋았다. 전무후무한 창의력이 빛나는 아이였다. 그 아이 같은 창의력을 지닌 아동은 아직도 만나지 못했다.

다 그렸으면 교사는 대충 가장 긴 뱀, 보통의 뱀, 짧은 뱀을 골라 아동과 함께 앞으로 나오게 한다. 'long-longer-longest'를 알려준 뒤 아동이 형용사 개념이 인지되었다고 느끼면 워크시트 1의 활용처럼 이용하면 된다.

'long'을 말하면서 눈은 'longest'를 보고, 빠르게 부르는 것이 핵심인데 처음에는 익숙지 않을 것이다. 그러나 일단 한 번 적응한다면 교사가 수업을 주도해 나가고 있다는 자신감이 들 것이다.

Useful Expression

It's been a long day.

힘든 날이었어.

Trace the words.

What do you see?

I see one scary nose

I see two scary eyes.

I see three scary teeth.

I see four scary arms.

I see five scary legs.

I see six scary spots.

What do you see?
I see one scary monster!

이 워크시트는 글자와 친숙하도록 만들어봤다. 옆에 그림이 있어 쓸 글자가 그 글자를 나타내는 것을 알 수 있도록 했으며, 따라 쓰도록 글자에 테두리가 있어 아동들에게 부담스럽지가 않다. 다만 교사가 아동이 다 쓸 때까지 계속 불러주며 아동이 편하게 이 문장에 익숙하도록 도와줘야 한다.

My Body

Fillin the blanks.

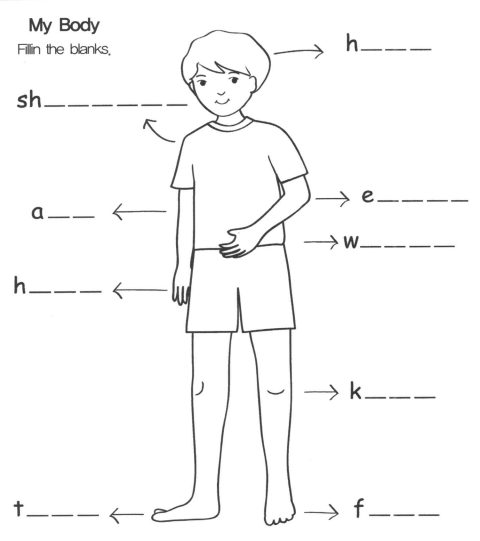

h____

sh_____

a___

e_____

w_____

h____

k____

t____

f____

　　위의 자료는 어느 정도 쓰기가 된 아동을 위한 자료이다. 자료의 출처는 www. kiz-club.com이다. 위에서 보듯이 인터넷에서 출력했지만 전혀 출력한 자료처럼 보이지 않고 선명하다. 회원가입을 할 필요도 없이 누구나 이용할 수 있게 만든 착한 사이트이다. 영어 스토리텔링하는 분이라면 누구라도 즐겨찾기에 추가해두라고 권해주고 싶은 사이트이다. 그러나 출력할 경우 맨 아래 사이트도 같이 출력되어 인쇄된다. 손질하지 않은 채로 아동에게 자료로 줄 경우 왠지 성의 없어 보인다. 요즘 무서운 것 중 하나인 저작권법이 저촉되지 않는 선에서 잘 활용하길 바란다.

What do you see?

I see one scary nose

I see one scary nose and two scary eyes.

I see one scary nose, two scary eyes and three scary teeth.

I see one scary nose, two scary eyes, three scary teeth and four scary arms.

I see one scary nose, two scary eyes, three scary teeth, four scary arms and five scary legs.

I see one scary nose, two scary eyes, three scary teeth, four scary arms, five scary legs and six scary spots.

What do you see?

I see one scary monster!

〈완성 예〉

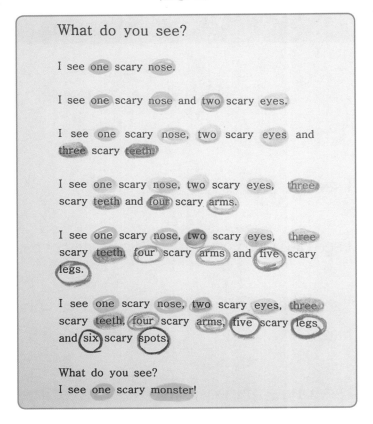

> **What do you see?**
>
> I see one scary nose.
>
> I see one scary nose and two scary eyes.
>
> I see one scary nose, two scary eyes and three scary teeth.
>
> I see one scary nose, two scary eyes, three scary teeth and four scary arms.
>
> I see one scary nose, two scary eyes, three scary teeth, four scary arms and five scary legs.
>
> I see one scary nose, two scary eyes, three scary teeth, four scary arms, five scary legs and six scary spots.
>
> **What do you see?**
> **I see one scary monster!**

칠판에 〈one〉이라는 단어를 쓴 뒤, 각자 페이퍼에서 'one'를 찾아 표시하도록 한다. 단 같은 단어끼리는 같은 색깔의 색연필을 써야 한다.

"Can you find the 'one'?"

"Where is the 'one'?" 'one' 어디에 있나요?

"Paint the 'one'." 'one'에 색칠하세요.

"And then paint the 'nose'." 'one'을 다 찾은 학생은 'nose'를 찾아 색칠하세요.

"Change your colored pencil." 다른 색연필로 바꾸세요.

다 찾아 표시한 후 "How many ones?"라고 질문한다. 아동들은 분명히 "six" 또는 "seven"이라고 할 것이다. 정답은 'seven'이다. 'one' 옆에 '7'이라고 쓴 뒤 같은 색연필로 'nose'를 칠판에 쓰고 찾도록 한다. 다 한 뒤에 "How many noses?"라고 물어본다. 이 번의 정답은 6이다. 이런 식으로 'two – eyes', 'three – teeth' 등을 찾도록 한다. 이 수 업은 지금까지 배운 숫자와 글자의 통합 수업이다. 처음에는 같은 글자가 보이지 않지 만 나중엔 곧 익숙해지고, 의외로 유치부 아이들도 집중해서 잘한다.

Day   Date.   Year

♡ 다음을 읽고, 따라 쓰세요.

What do you see?

(뭐가 보이니?)

I see one scary monster.

(무시무시한 괴물이 하나 보여요)

♡ 다음을 내용에 맞게 그려 보세요.

For parents : "What do you see?" "I see~ "라는 표현이 이 책의 주요 표현이랍니다. 집에 있는 사물을 이용하여 대화를 확장시켜 보세요. 단순한 문장이 익숙해지면 'I see two books.' 'I see a red book.' 처럼 다양한 형용사를 사용하여 확장시켜 보세요.

**** 영어 스토리텔링반 강사 ○○○, 010-1234-5678

앞의 워크시트는 아동들에게 과제를 내줄 때 사용하는 것으로 학교나 학원에서 배운 것을 집으로 가져가 부담 없이 수업할 수 있도록 연계 역할을 해줄 수 있는 과제이다. 이 과제는 절대 엄마 숙제가 되어서는 안 된다. 아동이 집에서도 부담 없이 스스로 해낼 수 있는 수준이어야 한다. 그리고 반드시 강의자의 이름과 연락처를 남겨 놓아 학부모님과 소통의 통로가 되도록 해야 한다. 때로는 학부모님과 선생님들 사이에 바로 통화가 되어 해결될 간단한 일들이 여러 곳을 거치다가 문제가 야기되는 경우도 있기 때문이다.

부모님들은 이 워크시트를 통해 그날 무엇을 배웠는지, 어떻게 확장 학습을 해줘야 하는지, 다음 차시 준비물은 있는지 등에 대한 정보를 알 수 있다.

Useful Expression

Let's go dutch.

각자 계산하자.

워크시트 활용 7 - 신체 부위 빙고

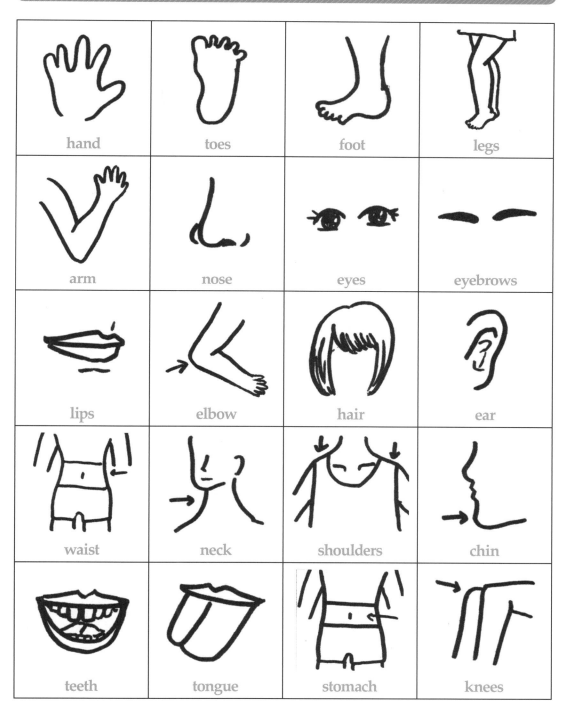

hand	toes	foot	legs
arm	nose	eyes	eyebrows
lips	elbow	hair	ear
waist	neck	shoulders	chin
teeth	tongue	stomach	knees

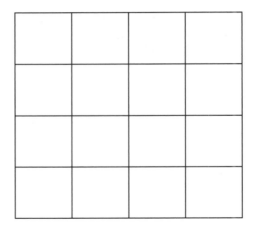

빙고 보드는 만인한테 적의 없이 사랑받는 아이템 중 하나가 아닌가 싶다. 학기 초에 선생님들은 아이들이 서로 이름을 잘 외우고 친해지라고 빙고 게임을 하기도 한다. 혹은 아이들이 수업을 하다 지루해졌을 때 빈 A4 용지를 나눠주고 빈칸을 그리게 한 후 숫자 빙고를 하기도 한다. 빙고게임은 비실비실 쓰러질 것 같은 아이도 살려내는 마법을 가지고 있다.

《What do you see?》가 신체에 대한 부분이라 바디 빙고를 준비했다. 주의할 점은 반드시 빙고 보드의 개수는 빙고판 그림의 수보다 적어야 한다. 예를 들어 빙고 그림이 15개라면 빙고 보드는 9개나 12여야 한다. 빙고는 가로나 세로, 대각선이 일치할 경우 '빙고'라고 외치도록 하면 된다. 만약 본인이 빙고가 당첨되었는데도 모르고 있다가 나중에 말하는 것은 인정해 주지 않는 규칙을 세우면 좋다. 1개만 더 하면 빙고가 완성되는 아이들이 자기 것을 불러달라고 마구 외치기도 한다. 그럴 때 교사는 절대 그것을 부르지 않으며 욕구를 극대화시킨다. 빙고를 통해 학습하고자 하는 단어의 양이 있는데 너무 빨리 끝나게 되기 때문이다. 혹시 너무 빨리 빙고가 끝날 때에는 2빙고, 3빙고 ㅁ자 빙고, x자 빙고로 활용할 수도 있다.

Storyteller's TIP

빙고는 아동의 수준에 맞추어 저학년이면 3×3부터 시작하여 4×4, 5×5로 늘려나가면 된다. 만약 빙고판은 12칸 빙고인데 그림판은 10개밖에 안 된다면 어떻게 하면 좋을까? 수업을 하다 보면 그런 불상사가 생기기도 한다. 그럴 때에는 보드마카나 색연필을 이용하여 한 줄을 지우고 나머지만 채우도록 하면 된다.

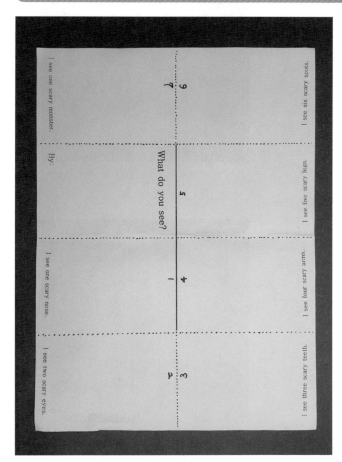

① A4나 B5 용지를 8등분으로 나눈 후 그림과 같이 점선을 긋는다. 단, 가위로 오릴 부분인 가운데는 실선으로 긋는다. 각 면에 해당하는 쪽번호, 제목, 내용 등을 그림과 같이 방향을 유의해서 적는다.

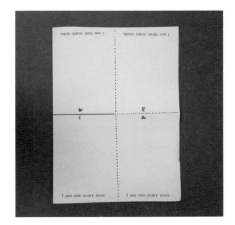

② 그림과 같이 반으로 접는다.

③ 같은 방향으로 한 번 더 접는다.

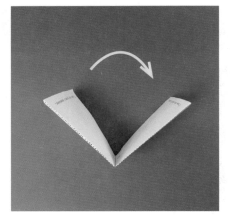

④ 그림과 같은 방향으로 접는다.

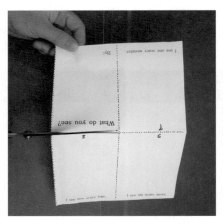

⑤ 그림과 같이 반으로 접은 후 실선 부분만 가위로 자른다.

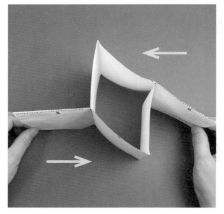

⑤ 자른 종이를 가로로 접는다. 양쪽 끝을 잡고 그림과와 같이 가운데로 밀어 모은다.

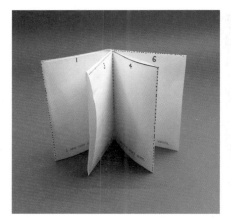

⑥ 완성!
표지부터 뒷면까지 멋진 책이 된다.

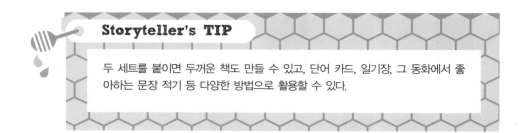

Storyteller's TIP

두 세트를 붙이면 두꺼운 책도 만들 수 있고, 단어 카드, 일기장, 그 동화에서 좋아하는 문장 적기 등 다양한 방법으로 활용할 수 있다.

투명 시트지 활용법

투명 시트지는 코팅지 대체로 사용할 수 있다. 물론 손 코팅지도 있지만, 투명 시트지는 가격도 저렴하고 아이들이 코팅지의 뽀족한 모서리에 다칠 염려도 없다. 붙이고자 하는 모양을 오려 앞뒤로 투명 시트지를 붙이면 된다.

부직포 활용법

코팅한 자료에 밸크로 테이프를 붙이면 반영구적으로 사용 가능하나 부직포는 그렇지 않다. 부직포는 곧 떨어지고 만다. 부직포에 밸크로를 붙일 때는 반드시 글루건을 사용하여 붙인다.

교구활용 예

《What do you see?》 동화에 맞게 제작한 부직포 교구이다. 부직포는 가격이 저렴하고 색깔도 예쁘고 선명하여 다시 꾸밀 필요가 없다. 코 한 개부터 반점 여섯 개까지 늘어나다 보니 어쩔 수 없이 몸통이 길어졌다. 부직포 특성상 한 겹으로 할 경우 두께감이 없어 두 겹으로 만들었다. 녹색 팔이 선명하게 검은색 부직포 받침이 보인다. 다른 색도 써 봤지만 검정색이 가장 잘 어울렸다. 뒤 융판은 교구점에서 저렴하게 구입할 수 있다. 괴물 교구 뒤에는 벨크로 테이프의 거친 부분이 붙어 있다. 벨크로 테이프에도 끈적한 부분이 있지만 약하여 곧 떨어지고 만다. 그러니 꼭 글루건을 이용하여 고정하여야 한다.

Norman Gorbaty에 의한 작고 이쁜 책이다. 아동들은 빅 북보다 손에 들어오는 앙증맞은 사이즈의 책에서 더 안정감을 느낀다. 공룡 소재는 아동 수업에 있어 거의 실패하지 않는 아이템 중 하나이다. 특히 남자 아동은 더욱 그렇다. 그러다 보니 꼭 공룡 박사가 한두 명 있어 교사가 사전에 공룡에 대한 예비지식 없이 수업에 들어가면 난처해지는 경우도 생길 수 있다. 우리나라에 독서 영재 1호로 등록되었던 윤푸름이란 아이가 책을 보다가 '이 책 잘못 되었어요'라고 지적을 했다고 한다. 푸름이의 설명에 의하면 초식 공룡인데 육식 공룡처럼 사나운 이빨, 발톱을 그려 넣었다는 것이다. 사실 그때까지 필자도 육식 공룡, 초식 공룡의 구분이 먹이라는 것 외에 잘 모르고 있었다. 아이들은 자기가 관심 있는 분야에서는 천재성을 드러내 외우기도 어려운 공룡의 특징과 이름을 어찌나 그렇게 잘 외우고 있던지 …. 이 책은 비록 작지만 이 책을 통해 공룡의 멸종 이유, 화석, 먹이, 화산 폭발 등 다양한 과학적 분야로 확장 수업을 할 수 있다.

본문 내용은 'Little dinosaur loves to dig, tumble, bounce!, splash! and kick! wiggle! climb! slide! dance! and sing! swing!, spin round and round!, play hide – and – seek! hug!'로 간단하다. 아동의 놀이와 관련된 표현이므로 아동과 같이 밖에 나가서 학습할 수 있는 TPR^{Total Physical Response: 전신 신체 반응}을 할 수 있다.

What is a Dinosaur?

Millions of years ago, long before there were any people, there were dinosaurs. Dinosaurs were one of several kinds of prehistoric reptiles that lived during the Mesozoic Era, the "Age of Reptiles."

Dinosaurs were reptiles and most hatched from eggs. No dinosaurs could fly and none lived in the water.

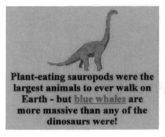

Plant-eating sauropods were the largest animals to ever walk on Earth - but blue whales are more massive than any of the dinosaurs were!

The largest dinosaurs were over 100 feet (30 m) long and up to 50 feet (15 m) tall (like Argentinosaurus, Seismosaurus, Ultrasauros, Brachiosaurus, and Supersaurus). The smallest dinosaurs, like Compsognathus, were about the size of a chicken. Most dinosaurs were in-between.

It is very difficult to figure out how the dinosaurs sounded, how they behaved, how they mated, what color they were, or even how to tell whether a fossil was male or female.

No one knows what color or patterns the dinosaurs were.

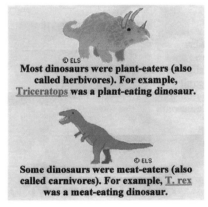

Most dinosaurs were plant-eaters (also called herbivores). For example, Triceratops was a plant-eating dinosaur.

Some dinosaurs were meat-eaters (also called carnivores). For example, T. rex was a meat-eating dinosaur.

There were lots of different kinds of dinosaurs that lived at different times.

- Some walked on two legs (they were bipedal), some walked on four (they were quadrupedal). Some could do both.
- Some were speedy (like Velociraptor), and some were slow and lumbering (like Ankylosaurus).
- Some were armor-plated, some had horns, crests, spikes, or frills.
- Some had thick, bumpy skin, and some even had primitive feathers.

The dinosaurs dominated the Earth for over 165 million years during the Mesozoic Era, but mysteriously went extinct 65 million years ago. Paleontologists study their fossil remains to learn about the amazing prehistoric world of dinosaurs.

When the dinosaurs lived, the Earth's continents were jammed together into a supercontinent called Pangaea and the Earth was warmer than it is now.

http://www.enchantedlearning.com/subjects/dinosaur/allabout/

www.enchantedlearning.com은 말 그대로 매력적인 사이트다. 영국의 유명한 B 백과사전이 부럽지 않을 정도로 다양한 정보를 구비하고 있다. 필자는 닭 만한 사이즈의 공룡도 있었다는 사실, 지금 발견되는 공룡의 암수 구별이 불가능 하다는 사실, 공룡이 어떻게 소리 내었는지, 피부색이 어떻고, 털이 있는지 없는지 조차도 알지 못했다. 그저 주라기 공원이나 책에서 본 것처럼 무조건 크고 무섭고, 사자와 같이 엄청난 포효를 내는가 보다 라고만 생각했었다. 아니 이 조차도 정립되어 있지 않았었는데, 이 사이트에서는 아주 자세히 설명해 놓았다. 이 뿐만 아니라 다른 내용도 풍부한 이론적 근거를 바탕으로 잘 서술해 놓았다. 진정한 백과사전 같은 사이트이다. 예전에는 무료였으나 지금은 연 20달러 이용료가 부가되어 있다.

Useful Expression

Who brings home the bacon?

누가 생계를 책임지니?

A long time ago, dinosaurs were alive.

But they were all disappeared by the volcano and the earth-quake.

And now we can not see dinosaurs any more.

But their bones and fossils are proving their existence.

Fossil is the remains of animals or plants that lived prehis-toric age. It is formed as a mold cast in rock.

● 준비물 : 식초, 소다, 빈 요구르트병, 찰흙, 물감

after: 아이들에게 공룡이 남아 있지 않은 이유를 설명해주기.

찰흙에 모형 공룡 발자국을 찍어 화석이 만들어지는 과정 설명하기.

이 실험을 한 수업은 반응이 정말 뜨겁다. 폭발 실험이라서 위험하니 뒤로 물러서라고 진지하게 말하면 아이들은 저만치 두려움 가득한 눈망울로 물러서 있다. 1차 폭발 후 화학반응이 잦아들면 소다나 식초를 다시 채우면 된다. 이때 아이들에게 도와달라고 하면 호기심에 한 명 한 명 실험대 앞으로 다가온다. 아이들은 진짜 화산 폭발로 아는거 같다. 이 실험은 과학의 날과 같은 행사 때에도 잘 어울린다.

① 요구르트 병 안에 물감과 식초를 넣어 마그마 색을 연출하였다. 그 요구르트 병을 계란판에 꽂고 찰흙으로 산을 만들었다. 나뭇가지를 꽂아 나무도 연출하였다. 숲이 우거진 산에 공룡들이 평화롭게 노닌다.

② 숟가락에 담긴 하얀 것이 소다이다. 이 소다를 요구르트 병에 부으면 어떤 반응이 일어날까? 아무것도 모르는 공룡들은 평화롭기만 하다.

③ OOOOPS!!!!
식초와 소다의 화학반응으로 어마어마하게 끓어 오른다. 마그마가 식은 후 공룡화석, 나무 화석, 공룡 발자국이 남게 된다. 불쌍한 공룡!!

④ 공룡이 왜 갑자기 멸종했는지에 대해서는 지금도 불분명하다. 그 설 중 하나가 화산 폭발이라 식초와 소다의 화학반응을 이용하여 화석의 과정을 설명한 것이다.

Triceratops

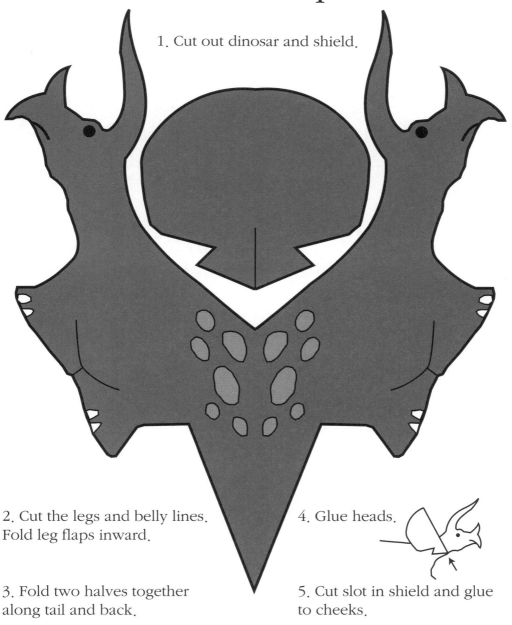

1. Cut out dinosar and shield.

2. Cut the legs and belly lines.
Fold leg flaps inward.

3. Fold two halves together
along tail and back.

4. Glue heads.

5. Cut slot in shield and glue
to cheeks.

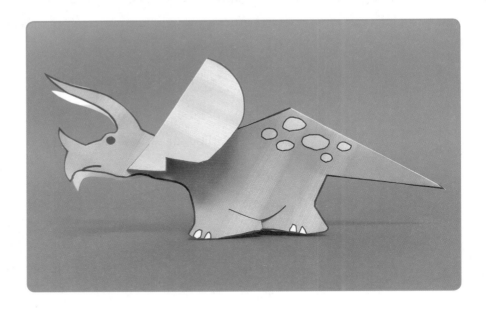

http://www.rain.org/~philfear/tricera3.gif 사이트에서 가져온 이 공룡은 만드는 과정이 영어로 다 설명되어 있어 영어로 어떻게 말할지 고민할 필요가 없다. 이 사이트에서는 다양한 공룡을 만들 수 있고 방법 또한 간단하다. 공룡을 좋아하는 아이라면 아주 좋아할 사이트이다. 그래도 만들기에는 젬병인 손가락을 가지고 태어나서 다른 것은 어렵게 느껴지는데, 트리케라톱스만 만만해 보여 샘플로 넣어봤다.

Useful Expression

Don't even think about it.

'꿈도 꾸지마라' '생각조차 하지마라'

워크시트 활용 11 - 공룡 알 만들기(Making dinosaur eggs)

● Materials : round balloons, paste and water, poster point, newspaper.

① Blow up balloons, tie them on and give one to each child.

② Paste the paper around the balloon.

③ Let the paper dry into a hard shell.

④ Paint the egg.

⑤ Label the egg with your name and the name of the dinosaur.

간단히 문구점용 풍선에 딱풀을 이용하여 한지를 붙이면 된다. 계속 손에 달라 붙겠지만 어차피 손은 씻으면 그만이다. 지루한 단계만 계속 하면 된다. 풍선에 한지를 붙인 것이 얼마나 단단하겠느냐고 의문을 갖는다면 그것은 오해이다. 굳으면 돌 처럼 단단해지기 때문이다. 풍선에 한지를 붙여 말린 후 패트병 뚜껑을 붙여 돼지 저금통을 만든 것도 보았다. 정말 깜박 속을 공룡알이 된다.

 Storyteller's TIP

공룡알은 겉으로 보기에도 정말 공룡알처럼 보인다. 그러나 풍선에 한지를 입혔다는 싸구려 생각으로 교구를 대하면 아동들도 귀한 줄 모른다. 선생님이 어렵게 공룡알을 구했으니 조심해서 돌려보라고 하면 아동들은 두 손에 올려 놓고 조심스럽게 다음 사람에게 건네 본다. 풍선은 전문가용 풍선과 문구점용 풍선이 있다. 전문가용 풍선은 거의 완벽한 둥근 형태이다. 사실 계란은 타원형이 이쁘니 전문가용을 쓰지 말고, 문구점용 풍선을 사용하는 것이 좋다. 또한 한지는 오리지 말고 손으로 찢어서 붙이는 것이 훨씬 자연스럽다.

워크시트 활용 12 - TPR 자료 참조

♛ Introduction

We can learn about many actions through TPR

So go out the playground with the children and do actions as they are shown in the book. Sometimes it is very important to leave the class and have a rest time. Then the children can enjoy doing exercise outsides.

♛ Game :Play hide and seek game(숨바꼭질)

We're going to play hide and seek game.

You're "It"

Close your eyes and count to ten.

We are going to hide .

After counter one to ten. The "It" will look for children who are hiding.

"It" should say, "Ready or not, here I come!"

If you see someone , touch the base and say , "Tap, tap on Chulsu".

Then Chulsu has been caught.

(Hider) try to get back to the base before you are seen and say,

"Home free!"

♕ Do TPR

* ball game

Throw the ball.

Catch the ball.

Bounce the ball.

Hit the ball.

Kick the ball.

Pass the ball.

Pick up the ball.

"For you"

"Thank you"

* In the playground

Let's play outside.

Go to the jungle gym.

Climb up the jungle gym.

Hop to the slide.

Go up the slide.

Go down the slide. "Slide, whee!"

Run to the swing.

Sit on the swing. Swing.

Jump to the merry go round.

Spin round and round! "What fun!"

Get off the merry go round.

Off we go to the sand bed.

Pick up the shovel.

Dig.

Pour the sand into the bucket.

♔ After reading the book - About dinosaurs.

책을 읽고 난 후 다음과 같이 대화를 확장할 수 있다.

● Tell the children to share what they know about dinosaurs. And some questions to them like this:

공룡에 대해서 다음과 같은 질문을 할 수 있다.

— When did dinosaurs live? 공룡이 언제 살았니?

— What did they eat? 공룡은 무엇을 먹었니?

— What did they look like? 공룡은 어떻게 생겼니?

● Invite them to talk about any books, movies or TV shows that they have ever seen about dinosaurs

아이들과 책, 영화나 TV에서 본 공룡에 대해 이야기를 나눠보는 것도 좋은 수업이다.

● Here is some quiz about dinosaurs

— What does 'dinosaurs' mean? 'dinosaur'가 무슨 뜻이니?

It means 'terrible lizard' '무서운 도마뱀'이란 뜻에요.

— When did they live? 공룡이 언제 살았니?'

They lived millions of years ago even before people lived on the earth. They ruled the land for millions of years. '인간이 지구에 살기 오래 전부터 살았어요. 수백만 년 동안 땅을 지배했어요.'

— What did they eat? 공룡이 무엇을 먹었니?'

They ate meat and plant. '고기와 식물을 먹었어요.'

- What is a fossil? '화석이 무엇이지?'

  A fossil is the hard remains of prehistoric animals or plants that are found inside a rock. '식물이나 동물이 딱딱하게 굳어 바위 속에 남아 있는 것이에요.'

- What are fossilized footprints? '화석화된 발자국이 무엇이지?'

  Millions of years ago, dinosaurs walked the earth.

  Sometimes they left footprints in soft mud.

  '공룡이 땅을 걸어 다녔다는 것이에요.'

- Can you tell me the name of the dinosaurs? '공룡의 이름을 말해 주겠니?'

  Stegosaurs

  Iguanodon

  triceratops

  Apatosaurus

  Pternodon

  Allosaurus

  Tyrannosaurus rex

  Brachiosaurs.

　　수업 자료로 활용하기 위해서 책에 있는 자료를 그림으로 그려 만든 것이다. 학교에 다닐 때도 안 배웠던 파스텔을 이용하여 그림을 일일이 그렸다. 파스텔의 특징은 그림을 못 그려도 예쁘게 보인다는 것이다. 세밀한 부분은 면봉을 이용하며 그리고, 테두리는 두꺼운 사인펜이나 보드마카를 이용하면 된다. 이 작품은 코팅작품이라 코팅을 한 후 뒷면에 벨크로 테이프로 고정했다. 혹시 초보자의 경우 코팅비가 비싸게 느껴진다면 손 코팅지를 이용해도 되고, 앞에서 설명한 투명 시트지를 이용해도 된다. 그림에 소질이 없어 자료를 만들지 못하겠다고 한다면, 한두 장 정도 책을 복사하고 코팅하여 자료로 이용해도 괜찮을 것 같다. 혹여나 저작권법에 저촉되지나 않을까 하여 더 이상의 설명은 삼가겠으니 각자 알아서 유용하게 활용하기를 바란다.

⟨bounce⟩ 개념을 잘 나타내기 위하여 펀치로 구멍을 뚫고, 공과 공룡 사이를 고무줄로 고정하였다. 평면적인 자료보다 bounce의 느낌이 잘 나타난다.

⟨hug⟩의 개념을 나타내기 위해서 두 개의 공룡 그림을 별도로 만들었다. 지금 그림은 한 개로 보이지만, 실재로는 두 개의 그림이다.

⟨swing⟩를 표현하기 위해 할핀으로 고정하고 그네를 앞뒤로 움직이게 하였다.

⟨swing⟩의 뒷모습으로 할핀으로 고정된 것이 보인다. 주의할 것은 그네의 줄이 두 개라고 할핀도 두 개로 고정하면 안 된다.
할핀을 하나로 고정해야만 그네가 앞뒤로 움직이게 된다.

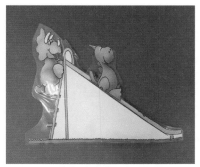

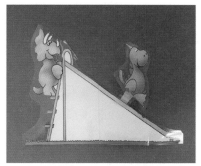

⟨slide⟩는 고정된 것 처럼 보이지만 실제로는 아래로 내려가는 공룡이 분리되어 있어, 공룡이 미끄럼틀을 타고내려가는 것을 나타냈다.

⟨slide⟩를 자세히 본 사진으로 미끄럼틀에 칼집을 넣었다. 아기 공룡은 코팅지 남은 것으로 연결하여 마치 실제로 미끄럼틀을 타고 내려오도록 연출하였다. 이 자료를 보고 우리 아들은 훌륭한 아이디어라고 감탄을 했는데 다른 사람에게도 통할까?

3 Have you seen my duckling?

엄마의 시각으로 그린 《Have you seen my duckling?》은 개인적으로 아끼는 책 중 하나이다. 오리 종류는 처음 태어나서 본 것을 엄마라고 느끼고 따라 다닌다고 한다. '내 새끼 어디 갔어?'라는 제목의 사진을 인터넷에서 본적이 있다. 엄마 오리를 따라 아기 오리들이 쭉 행진을 하는데 맨홀을 지나고 보니 아기 오리들이 한 마리도 보이지 않는 상황을 찍은 그림이다. 나중에 사진사가 아기 오리들을 다 구해줬겠지만 그 만큼 오리의 특성은 앞뒤 가리지 않고 엄마의 뒤를 따라다닌다.

반면, 논병아리와 같은 새는 엄마가 새끼를 품에 꼭 껴안고 다닌다. 어쩌면 논병아리 입장에서는 새끼를 잃어버리고 이리저리 찾아다니는 오리가 못마땅할 수도 있다. 엄마 오리가 새끼를 찾아 여기저기 다니는 동안 만나는 비버는 엄마 오리가 안타깝기는 하지만, 자신도 바빠 도와줄 수 없다. 물총새kingfisher는 남의 일에 아예 관심조차 없다. 남이 자식을 잃어버렸든 말든 나와는 상관 없다는 식이다. 오직 거북이만이 도와주고 싶어 하지만 너무 늙고 힘이 없다.

《Have you seen my duckling?》은 습지 생물에 빗댄 인간사를 비판한 동화이다. 책의 특징은 글이 별로 없다. 오로지 'Have you seen my duckling?'만 되풀이 된다. 하지만 이 책의 영향력은 강력한 마약 수준으로 한 번 이 책으로 수업하면 아이들은 어떤 상황에서도 'Have you seen my duckling?'을 외칠 정도이다. 심지어 집에서 엄마가 밥을 푸다가 잠시 주걱을 놓고 '주걱이 어디 있지?'라고 혼잣말 할 때 조차 'Have you seen my 주걱?'이 튀어나올 정도이다.

♛ Aims

1 To learn the words of the animals who live by the pond
2 To teach numbers to children
3 To practice "Have you seen......?"
4 To let the children participate in active storytelling.
5 To introduce them to some prepositions such as in front of, under, behind and in etc.

♛ Language focus

duck, duckling, kingfisher, turtle, tortoise, fish, firefly, beaver, frog, lilypad, lizard, catfish, hutoo, Have you seen my.....?

♛ Before reading the book

(동화 읽기 전 활동으로 아동이 전치사의 개념에 집중하기를 바라는 마음으로 아동이 보는 앞에서 물건을 놓은 후, 찾을 때 전치사를 이용하여 대답을 하였다.)

Show the children an object (something to write or to wear) and hide it somewhere. Then ask the children "Have you seen my pencil?" or "Have you seen my jacket?"

After that, teach the children the name of the animals who live near the pond, the family names of the ducks, prepositions, and numbers with flash cards.

Even though the story is quite short, we can use it to make up our own story.

♛ Reading the book

각 페이지에서 숨은 그림을 찾듯이 missing duckling를 찾는 재미가 쏠쏠하다.

Read the book and point out the letters. Let the children join in reading the story. As you read the book, ask them where the missing duckling is in the picture.

Talk about how mommy feels because she lost her baby. Teach good be-haviour to the children after reading the story.

글자를 가리키며 읽어라. 아이들을 읽는 과정에 참여하게 하기 위함이다. 책을 읽으며 어디에 잃어버린 아기 오리가 있는지 물어보고 아기가 없어졌을 때 엄마의 마음이 어떠할지, 나갈 때에는 어떻게 하는 것이 좋은 행동인지 아동에게 물어보는 것도 좋다.

♛ While reading the book

이 책에는 Have you seen my duckling? 외에 별로 내용이 없지만 훌륭하게 스토리텔링을 할 수 있다.

● Storytelling with the book

Early one morning, near the pond there were eight ducklings in the nest. Suddenly a duckling began following a butterfly so he could play with him.

The other ducklings said, "Where are you going?"

But the duckling didn't say a word.

At that time their mommy came.

Mommy duck : "Good morning, ducklings. Let's count my babies.

One, Two, Three, Four, Five, Six, Seven!

Oh! One is missing. Do you know where he is?"

The ducklings replied.

Ducklings : "We don't know mommy"

Mommy duck : "Hurry up. Let's look for our missing duckling."

The duck family set out to find the missing duckling.

They met a kingfisher who sitting on a branch.

Mommy duck : "Have you seen my duckling?"

Kingfisher : "No, I haven't."

Mommy duck kept going.

She met a tortoise by the pond.

Mommy duck : "Have you seen my duckling?" Mr. Tortoise.

Tortoise : "No, I am sorry I haven't. Where could he be?"

A beaver was carrying a tree trunk.

Mommy duck : "Have you seen my duckling?" Mr. Beaver?

Beaver : "No, I don't know where he is."

Mommy duck : Oh! my goodness. What shell I do?

Is he under the water?

There is a snail, a fish. a lizard and a frog.

No! my baby is not there.

A hutoo was coming along with her children.

Mommy duck : "Have you seen my duckling?"

Hutto : "No. how on earth could you lose your child?"

The hutto said arrogantly.

Baby ducklings : "Mom, mom! Look over there. Here he comes."

Mommy duck : "Naughty boy. Where have you been? We've been looking
for you all day. Don't do that again."

A missing duckling : "I'm sorry, mom, but it was so exciting."

Mommy duck : "All right. Let's go home."

They were all very tired.

It was time to go to bed.

The duck family fell fast asleep.

Mommy duck : "Good night, babies. Night, night. Don't let the bugs bite."

● Listen and draw your own picture.

The duckling is **on** the lily pad.	The duckling is **behind** the tree.
The duckling is **under** the bridge.	The duckling is **next to** the reeds.

전치사의 개념을 확인할 수 있는 페이퍼로 전치사에 맞게 아기 오리를 그려 넣으면 된다. 수업 중 '오리 못 그려요'라고 하는 아동도 있을 수 있다. 이 자료 활용은 오리를 잘 그리는지 못 그리는지가 중요하지 않다. 그러나 정 못그리겠다고 하면 그냥 큰 점으로 표시하라고 하면 된다.

w	d	u	c	k	w	x	w	q	x
q	u	q	b	e	h	i	n	d	w
w	c	a	t	f	i	s	h	w	x
x	k	t	q	b	e	a	v	e	r
q	l	u	n	d	e	r	w	x	w
f	i	r	e	f	l	y	x	w	q
r	n	t	q	w	x	q	w	x	q
o	g	l	i	l	y	p	a	d	q
g	n	e	x	t	t	o	w	x	w
q	x	q	w	q	w	x	q	q	w

1 duck: 2 duckling:

3 turtle: 4 firefly:

5 frog: 6 lily pad :

7 catfish: 8 beaver:

9 on: 10 behind :

11 under: 12 next to :

w	d	u	c	k	w	x	w	q	x
q	u	q	b	e	h	i	n	d	w
w	c	a	t	f	i	s	h	w	x
x	k	t	q	b	e	a	v	e	r
q	l	u	n	d	e	r	w	x	w
f	i	r	e	f	l	y	x	w	q
r	n	t	q	w	x	q	w	x	q
o	g	l	i	l	y	p	a	d	q
g	n	e	x	t	t	o	w	x	w
q	x	q	w	q	w	x	q	q	w

Storyteller's TIP

words search는 단어에 익숙하도록 도와줄 뿐만 아니라 집중력 향상에도 좋다. 아동이 어리면 기본 단어를 적고 빈칸은 ♡, ⚘, ☙와 같은 모양을 넣어 단어에 집중하도록 할 수 있다. 혹은 그 단어에는 없는 글자나 w, x와 같이 잘 안 나오는 글자를 채워 넣어도 좋다.

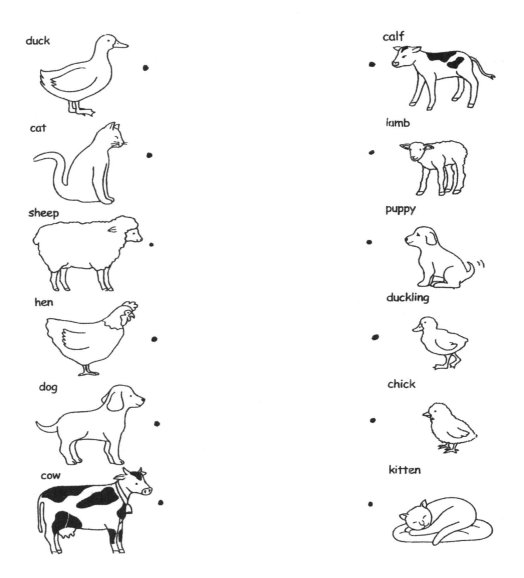

duck

cat

sheep

hen

dog

cow

calf

lamb

puppy

duckling

chick

kitten

아기 동물과 어른 동물의 이름이 다르다. 우리말이야 그냥 'OO새끼'라고 부르면 그만이겠지만 말이다. 엄마 오리는 'duck'이고, 아기 오리는 'duckling'이다. 독일어의 흔적이기도 한데 '~ling'는 '작은'의 의미를 담고 있다. 그림의 출처는 kizclub.com이다. 참고로 어미양은 Sheep이지만 새끼양은 'sheep새끼'가 아닌 'lamb'이다. 웃자고 한 말에 달려들지 않기를!

- **What do you see on this cover?**
  무엇이 보이지?

- **How many ducklings are there?**
  아기 오리가 몇 마리 있니?

- **Do you know where the missing duckling is?**
  잃어버린 아기 오리가 어디에 있는지 아니?

- **Where do the lily pads live?**
  백합꽃이 어디에 사니?

- **Do you like the kingfishers?**
  너는 물총새를 좋아하니?

- **What are the difference between a turtle and a tortoise?**
  바다거북과 육지거북의 차이점은 무엇이니?

- **What can you see in this picture?**
  이 그림에서 무엇을 볼 수 있니?

- **Have you seen my cellphone?**
  핸드폰 보았니?

- **The duckling is on the lily pad.**
  아기 오리가 수련꽃 위에 있어.

  The duckling is behind the rock.
  아기 오리가 바위 뒤에 있어.

  The duckling is under the bridge.
  아기 오리가 다리 아래에 있어.

Early one morning, near the pond there were eight duck-lings in the nest. Suddenly a duckling began following a butterfly so he could play with him.
The other ducklings said, "Where are you going?"
But the duckling didn't say a word.
At that time their mommy came.

"Good morning, ducklings. Let's count my babies. One, Two, Three, Four, Five, Six, Seven! Oh! One is missing. Do you know where he is?"

"We don't know mommy"
"Hurry up. Let's look for our missing duckling."

The duck family set out to find the missing duckling.
They met a kingfisher who sitting on a branch.

"Have you seen my duckling?"
"No, I haven't."

She met a tortoise by the pond.

"Have you seen my duckling?" Mr. Tortoise.
"No, I am sorry I haven't. Where could he be?"

Mommy duck kept going.
A beaver was carrying a tree trunk.

"Have you seen my duckling?" Mr. Beaver?
"No, I don't know where he is. Sorry, I am busy."

Oh! my goodness. What shell I do?

A hutoo was coming along with her children.
"Have you seen my duckling?"
"No. how on earth could you lose your child?"
The hutto said arrogantly.

"Mom, mom! Look over there. Here he comes."
"Naughty boy. Where have you been? We've been looking for you all day." Don't do that again."

"I am sorry mom, but it was so exciting"

"All right. Let's go home."

They were all very tired. It was time to go to bed.
the duck family fell fast asleep.

"Good night, babies. Night, night. Don't let the bugs bite."

전치사 활용예

각 페이지마다 missing duckling이 가까운데 있지만 엄마 오리는 그것도 모르고 찾아다닌다. 번번이 차 열쇠를 손에 들고 열쇠 찾느라 헤매는 모습이 필자의 모습에 감정 이입이 된다. 위 자료로 'behind' 'next to' 'on' 'under' 등의 전치사를 학습할 수 있다. 예를 들어 교사가 "The duckling is behind the tree"라고 한다면 아동은 나무 뒤에 아기 오리를 놓으면 된다.

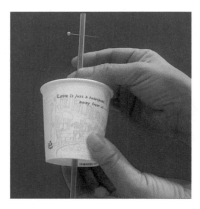

① 빨대에 진주핀을 가로질러 꽂은 후 종이 컵에 통과시킨다. 컵에 구멍을 뚫을 때 는 뾰족한 연필이나 볼펜을 이용하면 쉽 게 구멍을 낼 수 있다.

② 오리 모양 종이를 오려서 종이컵에 풀 로 붙인 후 빨대를 쭉 밀어 내리면서 "Have you seen my duckling?"라고 말 을 한다.

 ## Storyteller's TIP

사실 처음에는 아무리 해도 소리가 잘 나지 않을 것이다. 이때 선생님은 '마음이 착한 사람한테만 소리가 날것이라고 너스레를 떤다. 그런 후에 아이들이 안 볼 때 살짝 손가락에 물을 묻힌 후 당기면 소리가 아주 잘 난다. 이 만들기 교구는 철새 축제 같은 곳에서 체험학습용으로 사용해도 좋다.

아이들에게 'Have you seen my ducking?'이라고 말하게 한 후에 스트로우를 만지게 한다. 아이들이 한 마디라도 더 표현하도록 하기 위해서이다.

'Quack, Quack'

정말로 아기 잃은 엄마 오리의 큰 울음소리가 난다.

험티 덤티(humpty-dumpty)

① 험티 덤티는 짜투리천으로 만든 헝겊인형이다. 험티 덤티는 땅딸막한 사람, 넘어지면 일어나지 못하는 사람을 의미한다. 너서리 라임의 험티 덤티 노래를 부르며 사용해도 좋고, 《Something from nothing》이란 동화에 사용해도 좋다. humpty-dumpty를 검색창에 치면 다양한 동영상이 1개 대대 정도 뜬다. 그런데 1개 대대는 대체 몇 명이지?

② 인형에 계란을 넣으면 인형을 앉게 할 수 있다.

"Humpty Dumpty sat on a wall,
Humpty Dumpty had a great fall,
All the King's horses and all the King's men,
Couldn't put Humpty together again."

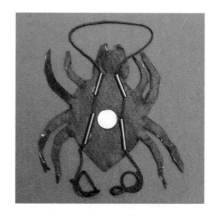

① 펠트로 거미 모양을 만든다. 참고로 거미 다리는 몇 개인가? 거미 다리는 4쌍이다. 처음에 거미 다리를 세 쌍으로 만들었다가 아이들에게 불량거미라는 소리를 들은 적이 있다.ㅜㅜ 반드시 과학적 팩트를 확인하고 자료를 만들기 바란다.

② 뒷면에 두꺼운 빨대를 글루건으로 붙인 후 실이나 운동화 끈을 윗쪽으로 고리가 만들어지게 넣는다. 매달았을 때 끈이 빠지지 않게 끈의 시작과 끝에 굵은 매듭을 짓는다. 몸체 가운데에 자석이나 바둑돌 등 무게감이 있는 것을 글루건으로 붙이면 더 부드럽게 오르내린다.

※ 펠트나 부직포로 소품 교구를 만들 때 두 겹으로 하는 것이 묵직하고 잘 움직이지 않아서 좋다. 고정은 글루건으로 하면 된다. 대체로 검정색을 사용하면 교구가 눈에 띄기 때문에 권장할 만하다.

③ 문고리나 벽의 못에 고리를 걸고 실매듭 양쪽을 벌렸다 오므리면 거미가 올르락 내리락 마술을 부릴 것이다. 아이들이 좋아하는 것은 당연한 일!
"거미가 줄을 타고 올라갑니다. ~"

"The itsy bitsy spider went up the waterspout.
Down came the rain and washed the spider out.
Out came the sun and dried up all the rain.
And the itsy bitsy spider went up the spout again."

이 교구만 만들어주면 시키지 않아도 spider song이 아이들 입에서 거미줄처럼 줄줄 나올 것이다.

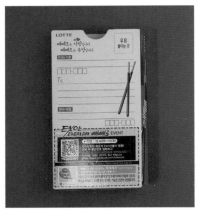

① 출처 불분명의 상술인줄 알지만 11월 11일에 빼빼로를 안 사줄 수도 없고 …. 그렇다면 빼빼로를 수업에 이용해 보자. 빼빼로 상자는 보기와 같이 입구부분을 가위로 깔끔하게 잘라낸다.

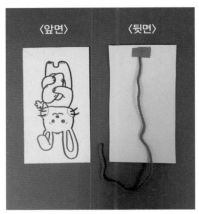

② 빼빼로 상자보다 작고 두꺼운 판지로 속지를 준비한다. 뒷면에는 실을 테이프로 고정하고, 앞면에는 그림을 그리되 반드시 테이프 붙인 쪽과 위아래의 위치가 반대여야 한다.

※ 뒷면에 붙일 실은 빼빼로 상자의 세로 길이보다 2배가량 길게 한다.

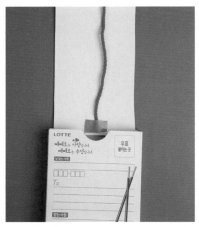

③ 잘 보시라! 빼빼로 상자의 둥근 부분에 속지의 뒷면이 오게 넣는다. 이때 테이프를 붙인 부분이 아래를 향하게 넣어야만 한다.(뒷면)

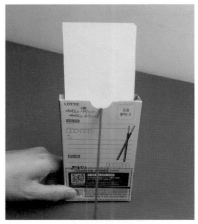

④ 뒷면의 실을 당기면 그림이 쑥 올라오고, 실을 놓으면 그림이 내려간다.(뒷면)

(앞면)

⑤ 학생들에게는 앞면을 보여주면서 "What's in my 빼빼로?"라고 물어본다. 교사는 계속 그림이 무엇인지 설명해주어야 한다. "This animal can run fast. The eyes are red and round. Its tail is short. What's in my 빼빼로?"라고 말한다. 이때 그림을 조금씩 단계별로 보여주면 궁금증을 유발한다.

모든 학생들에게 빼빼로 한 개씩을 준비하게 한다. 교사는 실을 붙인 속지를 나눠주고 각자 자기만의 그림을 그리도록 한다. 다 그린 후 앞에 나와서 같은 방식으로 설명하고 맞히게 하면 즐거운 참여수업이 된다.

빼빼로 과자는 어떻게 하면 좋을까?

각자 손에 빼빼로를 한 개씩 들도록 한다. 교사도 앞에서 시범을 보이며 과자의 길이를 대어보며 'long' 'same'이라고 말한다. 이 과정을 몇 번 반복하여 long, same의 의미가 인지되었다고 생각되면 한쪽을 교사부터 먹는다. 아이들도 따라 먹고 말하도록 한다. 다시 크기를 대어보고 긴 쪽을 앞으로 내밀고 'long', 짧은 쪽을 내밀고 'short'이라고 한다. 이 과정을 3~4번 하면 한쪽의 빼빼로가 먹어서 없어진다. 그러면 교사는 남은 빼빼로 중 가장 긴 것, 중간 것, 누가 봐도 가장 짧은 것을 골라 아이와 함께 앞으로 나오도록 한다.

크기대로 세운 후 'long, longer, longest'라고 알려준다. 즉, 교사가 'long'이라고 하면 그에 해당하는 아이가 빼빼로를 번쩍 들어야 한다. 만약 들지 못하거나 다른 아이가 손을 든다면, 그 아이는 자리로 돌아가야 한다. 마지막까지 남은 아동이 승리자, winner이다.

이 게임도 아주 재미있고 생동감 넘치는 게임이다. 형용사의 원급, 비교급, 최상급을 알려주기 위한 것이다.

Storyteller's TIP

가끔 독한(?) 아동들이 있어 잘 틀리지 않는 경우가 있다. 교사 입장에서는 적당히 하고 다음 수업 진행을 해야 하는데 너무 길게 가는 경우가 생기기도 한다. 이럴 때에는 'long'에 해당되는 빼빼로를 들고 있는 아이의 눈을 바라보며 'longest'와 같이 다른 형용사를 부르면 대개 탈락하고 만다. 게임을 하되 게임 시간을 선생님이 조정할 수 있다.

① 색 접시 2개를 준비한 후 1개는 그림처럼 자른다. 색 접시는 문구점에서 팔며 저렴하고 색깔이 다양하다. 교구를 많이 접하지 않은 초보자들에게는 색 접시만으로도 교구의 다양성에 놀라지 않았을까 싶다.

② '모루'라고 부르는 교구로 고리를 만든다. 모루 안에는 얇은 철사가 들어 있어 자유롭게 모양을 만들 수 있고, 모루 밖은 부드러운 털이 있어 두께감이 있고 촉감이 좋다. 다양한 색깔과 다양한 종류의 모루가 있다. 보시다시피 모루를 여러 겹으로 두껍게 감아 코끼리의 코에 걸리도록 하였다. 너무 얇으면 잘 들어가지 않는다. 필자 같은 경우는 약 30개 이상의 고리가 있지만 초보자인 경우 그렇게 많이 만들 필요는 없다. 게임을 할 때 적당한 선을 정해주고 "Don't go over the line." "Before you throw the ring, you should say 'Throw the ring.'"이라고 하면 된다. 상대방 팀에서 'monitor 반장' 한 명을 정해서 "Throw the ring."이라는 표현을 하지 않았는지-만약 하지 않고 고리를 넣을 때는 점수로 인정하지 않음-, 선을 넘었는지 등을 감시하도록 하면 된다. 아주 액티브한 게임이다.

① 크리스마스에 딱 어울리는 만들기 작품이다. 아이들에게 한 개씩 선물로 만들어주었을 때 땅콩 테디 베어를 먹는 아이는 거의 없을 정도로 작품성 있고 귀엽다. 한 개짜리 땅콩으로 머리를 만들고, 귀는 땅콩 껍질을 미용용 작은 가위로 오려내어 글루건으로 고정한다.

② 다 만든 후 리본을 붙여서 글루건 흔적을 감싸주고, 뒷면에 실을 달아 걸어 놓을 수 있도록 한다.

Storyteller's TIP

땅콩 테디 베어를 만들 때에는 못생기고 뒤틀린 땅콩이 보기에 더 좋다. 오히려 더 활동적으로 보이는 테디 베어를 만들 수 있다. 앉아 있는 베어, 앞으로 나란히 하는 베어, 발레하는 베어, 근육맨 베어, 만세 부르는 베어, 축구하는 베어 등 다양한 베어를 만들 수 있다. 다만 글루건이 어느 정도 굳을 때까지 고정되도록 잡고 있어야 한다. 그래서 시간이 걸린다. 일 년에 크리스마스가 두 번 있다면 결코 아이들에게 만들어주지는 못할 것 같다.

먼저 책을 펼쳤을 때의 크기만한 종이를 여러 장 준비한다. 실로 연결된 것은 무엇이든 그려넣는다. 그림을 그려넣은 종이를 반으로 접고 차례대로 뒷면과 뒷면을 붙여 책처럼 만든다. 각 페이지를 송곳으로 구멍을 뚫어 첫장부터 맨 끝장까지 실로 연결한다. 각 페이지를 펼치고 해당 페이지와 관련된 그림 조각을 실에 붙여 완성한다.

한 쪽씩 넘기며 그 페이지의 상황을 수수께끼처럼 영어로 묻고 아이들이 답하도록 한다. 영어 표현은 각 페이지에 써 놓으면 된다.

① "I have a pole and a string. People use me for fishing. What am I?"

"Fish rope"

② "You can play with me. There's strong wind. I can fly high in the sky. You have to hold me in my string. Usually I have a tail. What am I?"

"kite"

③ "You can hold on me when you want to climb up to the mountain. It's very difficult to climb without me. What am I?"

"rope"

④ "Children love to play with me. I look like a round ball. I can go back and fourth when they throw me. What am I?"

"Yo-Yo"

⑤ "You can see me in the dirty room or ceiling. I am the house of the spider. I just look like a net. What am I?"

"Spider web"

⑥ "I have a cable and a box. People ride on me when they want to across high mountain. What am I?"

"Cable car"

① 스티커가 있는 융지를 정육각형 곽 티슈 사이즈
보다 약간 크게 오려 사면을 붙인다.

② 위, 아래 뚜껑에 해당하는 부분을 재단하여 오
려 붙이면 끝!

Storyteller's TIP

주사위는 만들어만 놓아도 아동들이 잘 가지고 논다. 속에 티슈가 들어 있어 적당
한 무게감과 굴리는 맛이 있다. 혹시라도 좋은 재질로 한다고 펠트를 사용해서는
안 된다. 밸크로 테이프(일명 찍찍이)가 달라붙지 않기 때문이다.
주사위에 이용할 알파벳 카드, 단어카드, 숫자카드는 각자 취향대로 만들어 사용
하면 된다.

① 고리 던지기 게임과 같은 방식으로 사용하면 된다. 공은 신문지나 색종이를 그냥 손으로 뭉쳐 만들면 된다. 오히려 둥근 공이라면 던진 후 굴러가기 때문에 더 불편하다. 게임 후 규칙도 같다.

영어표현은 "Throw the ball"이다

② 이 교구의 매력은 두부 케이스에 있다. 사진을 자세히 보면 본판과 맞닿는 두부 케이스의 면은 잘라내고 테두리 부분을 조금 남겨 고정해놓았다. 이렇게 해두면 공을 넣은 후 손으로 다시 공을 꺼낼 필요가 없다. 두부 케이스를 위로 올리면 공이 아래로 떨어진다. 상식을 초월한 공 꺼내는 방식에 아이들이 놀라는 것은 당연하다. 공이 너무 자주 들어가는 것도 아니고, 너무 안 들어가는 것도 아니다.

Storyteller's TIP

두부 케이스는 돌출되어 있어 자주 떨어지곤 한다. 그렇다고 해서 칼집 넣어 뒷면에 고정하면 두부 케이스가 딱 달라붙어 사용할 수 없다. 강한 스티커나 밸크로 테이프를 이용하여 반드시 앞면에 고정해야 한다.

부록

Storytelling Technique

What Do You See?

By Norton Juster   *Illustrated by Chris Raschka*

칼데콧 상을 받은 책을 고를 경우 후회가 없다는 신념으로 고른 책인데, 처음에는 산만한 그림으로 인해 선뜻 책에 손이 가지 않았었다. 사실 많은 책을 소장하고 있지만 그 중 반 이상은 그냥 책장만 차지하고 빛도 못 본 책들이다. 그러나 어느 날 이 책을 보다가 그만 폭풍 눈물을 흘린 적이 있었다. 필자의 아이가 어릴 때 여기저기 맡겨 키울 때도 많았다. 더욱이 쌍둥이라 좀 더 온순한 아이는 주로 외할머니 품에서 자랄 때가 많았다. 말은 못하지만 항상 떠나는 엄마의 차가 사라질 때까지 유모차에서 목을 길게 내밀고 바라보던 아이의 마음이 이랬겠구나 하는 생각이 떠올랐다. 글을 읽는 순간 기적처럼 산만해 보이던 그림이 쏙쏙 눈에 들어왔다. 역시 칼데콧 상은 아무나 받을 수 있는 것이 아니었다.

SONG AND DANCE MAN

By Karen Ackerman   *Illustrated by Stephen Gammel*

1986년 칼데콧 상을 받은 책이다. 전직이 무대에서 노래 부르고 춤 추던 일을 했던 할아버지가 다락방에 있는 젊은 날의 화려했던 무대로 손자들을 데려가 벌이는 이야기이다. 왠지 '흘러간 옛날은 그리워라'라는 글이 떠오른다. 젊은이들은 젊음이 영원히 유지되고 절대 늙지 않을 것 같은 생각을 할지 모르겠다. 대학 신입생 때 '곧 꺾어진 50이야'라는 말이 유행했었는데 어느새 나이만 떠올리면 슬퍼진다. 마음은 20대와 똑같은데 몸이 안 따라주고, 이제 풍부한 경험으로 뭔가 할 수 있을 것 같은데 일자리에서도 갓 대학 나온 풋풋한 젊은이만 찾는다. 이 책은 어른을 위한 동화 같다. 감정 이입이 되어 슬퍼지는 동화이다.

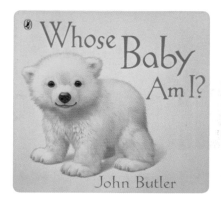

Whose Baby Am I?

By John Butler

"Whose baby am I?" 마치 숨바꼭질 하듯이 한 쪽에는 아기 동물, 맞은편 쪽에서 "I am ○○'s baby"라고 구성되어 있다. 아기들은 한결같이 어쩌면 이리도 예쁜지 보는 내내 엄마 미소가 떠나지 않게 된다. 이 책의 단점은 아동이 북극곰이나 하마를 키우고 싶다고 조를지도 모른다는 사실이다.

Thanks to You

By Julie Andrews Edwards & Emma Walton Hamilton

《Sound of music》으로 잘 알려진 Julie Andrews Edwards와 그녀의 딸 Emma Walton Hamilton이 같이 만든 책이다. 책 속은 전부 흑백 사진으로 구성되어 있다. 사진 속이 줄리 앤드류스와 그녀의 딸인지 아닌지는 잘 모르겠으나, 사진 장면마다 감동적인 글귀가 적혀 있다. 삽화는 대개 그림으로 내용의 이해를 돕는데, 가끔 이렇게 사진으로 구성되기도 한다. 그림에 비해 사진이 쉬워 보일 것 같으나 실재로는 한 컷을 찍기 위해 엄청나게 많은 장면을 찍는다고 한다. 세상에 만만한 것은 없나보다.…

"Thanks to you … I notice wonder in the small-est thing."

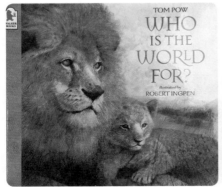

WHO IS THE WORLD FOR?

By Robert Ingpen

어미가 새끼를 가슴에 품으며 세상에 대한 이야기를 들려주는 내용이다. "세상은 누구를 위한 것인가요?"라는 질문에 어미는 "이 모든 아름다운 세상은 너를 위한 것"이라고 말해준다. 각각 등장하는 어미에게 가장 소중한 것은 하나 밖에 없으니까. 마지막엔 인간이 등장하여 같은 질문을 한다. 이 책은 아버지가 읽어주면 더 아름답지 않을까 하는 생각이 든다. 아이를 무릎에 올려놓고, 이 책처럼 아름다운 말을 써 가면서 '네가 얼마나 소중한 존재인가'에 대해서 이야기해 본 적이 있었나 싶다. 없었다면 이 책으로 시도해 보길 바란다.

"Who is the world for?"

"The world is for you."

A CHAIR FOR MY MOTHER

By Vera B. Willams

1983년 칼데콧 상을 받은 책으로 우리나라에 《엄마의 의자》라는 책으로 번역되어 있다. 집은 불타버렸고 웨이트리스로 힘들게 일하는 엄마는 편안히 쉴 의자도 없다. 가족들이 한 푼, 두 푼 아낀 동전을 모아 마침내 세상에서 가장 편안한 의자를 사는 가족 동화이다. 이 책의 테두리는 또 하나의 그림으로 책 내용을 설명하고 있다. 어린 딸의 눈으로 섬세하게도 묘사했다. 예를 들어 힘들게 일하고 돌아온 엄마가 '집에 와도 발을 올려놓고 편하게 쉴 나만의 공간도 없어'라고 푸념하는 장면이라든가, 드디어 항아리 가득 돈이 모였을 때 바로 은행에 가는 것이 아니라 다임은 다임대로, 센트는 센트대로 포장하고, 엄마가 쉬는 날 가구를 보러 가는 대목 등 아이의 시각이지만 결코 아이의 시각이 아닌 예민함이 녹아 있어 어른이 보기에도 전혀 수준 낮은 동화는 아니다. 그림 또한 예쁘게 그리려고 노력한 것이 아니라 정말 어느 집에나 있을 편한 그림이다. 가난하지만 따뜻한 이웃과 가족의 사랑이 느껴지는 동화이다. 개인적으로 가정의 구성원에 꼭 아빠가 등장하여야 한다고 생각하지는 않는다. 이 책에서 엄마의 삶이 퍽퍽한 것은 아빠가 등장하지 않기 때문일 것이다. 그러나 그것은 문제 있는 가정이 아니라, 다양한 가족 형태가 등장한다는 의미도 있을 것 같다.

What Do You See?

By Jane Cowen Fletcher.

Mama zooms를 "엄마는 쌩쌩 달려요"라고 번역해 보았다. 그 기계(zooming machine)에 타면 엄마는 나의 racehorse, race car, ship, airplane… 등으로 변신을 한다. 너무나 갖고 싶은 부러운 기계인데 알고 보니 다리에 장애를 가진 엄마의 휠체어였다. 마지막 장의 아빠와 같이 찍은 가족사진 한 장이 더욱 감동적이다.

I LOVE MY MAMA

Written by Peter Kavanagh   *Illustrated by Jane Chapman*

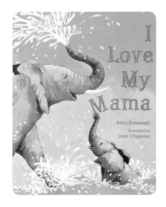

엄마 코끼리와 아기 코끼리가 초원을 거닐면서 보내는 내용이다. 엄마는 비바람이 와도 안전하게 아이를 지키는 울타리 역할을 하고, 평원을 쿵쿵 걸으면서도 일상적인 것에서 재미를 느끼고, 밤에 엄마 곁에 누워 코끼리의 전래 이야기도 듣고, 엄마가 곁에 있기에 편안하게 잠들 수 있다. "My mama's love surrounds me always."를 느끼며 아기는 꿈나라로 간다.

What Do You See?

By Margaret Anastas, Susan Winter

〈뽀뽀뽀〉라는 TV 방송의 제목처럼 아이가 속상해하거나 슬퍼하거나 집에 잘 돌아왔거나 감기로 아플 때나 아무 일이 없을 때나 이유가 없어도 hug해준다는 내용이다. 어릴 때는 아이와 자주 hug하다가 초등학교만 들어가도 뜸해지는데 읽으며 미소가 떠나지 않는 책이다. 초등학교 고학년 이상 자녀를 둔 엄마라면 어릴 때에는 항상 달려들어 포옹했던 때가 그리울 것이다.
"A hug for you.
You wrote your own name!"

AS I KNEEL

By Bonnie Knopf   *Illustrated by Nan Brooks.*

예쁜 딸을 낳은 한 엄마가 '하나님, 제 아이를 당신의 보호 속에 잘 지켜주세요'라는 노래를 페이지마다 불러준다. 아이는 성장하여 학교에도 가고 힘든 10대 시절도 보내고, 결혼하여 집을 떠나게 되지만 엄마의 사랑의 노래는 끝이 나지 않는다. 자신의 아이를 낳은 딸이 어느 날 엄마의 사랑을 느끼며 그동안 잘 돌봐준 것에 대해 감사와 사랑의 노래를 불러주는 내용이다. 어머니와 딸에게 더욱 공감되는 동화이다.

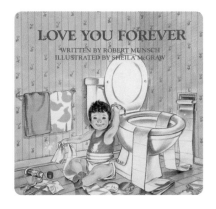

LOVE YOU FOREVER

Written by Robert Munsch   *Illustrated by Sheila Magraw*

아기가 태어나고 성장하고 자라면서 아이는 떠나지만 엄마는 언제나 아이를 걱정하고 사랑의 노래를 불러준다. 아이가 자란 만큼 늙고 병든 엄마는 더 이상 노래를 부를 수 없게 되자 엄마에 대한 사랑과 미안함과 고마움을 느끼면서 성인이 된 아이가 대신 부른다. 엄마에게서 받은 사랑은 다시 자기의 딸에게 흘러가게 되는 내용이다. 역시 사랑은 내리사랑인가보다. 《As I kneel》이 딸이 공감할 동화라면 이 동화는 아들이 공감할 만한 동화이다. 책 소개 시간에 이 책을 읽어주었을 때 한 명이라도 눈물을 흘리지 않았던 때는 없었다.

"I'll love you forever,

I'll like you for always,

As long as I'm living my baby you'll be."

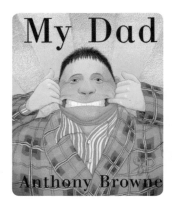

My Dad

By Anthony Brown (1946~)

삽화가, 극작가인 앤서니 브라운의 작품이다. 2000년에 일러스트레이트 부분 한스 크리스티안 안데르센상을 수상했다. 《My dad》《Gorilla》《Willy the dreamer》《Little Beauty》 등 다수의 작품이 있다. 도무지 매력적으로 보이지는 않는 아빠의 사실적 얼굴이지만, 꼬마의 눈에는 세상에 하나밖에 없는 소중한 아빠이다. "Yes, this is my dad."라고 반복하는 말투에서 아들이 얼마나 아빠를 자랑스럽게 여기는지가 느껴진다. 부모와 자식 사이를 천륜이라 하는데 왜 그런지가 느껴지는 동화이다.

"내가 왜 우리 아빠를 사랑하는지 아세요?"

"아빠가 나를 사랑하기 때문이에요."

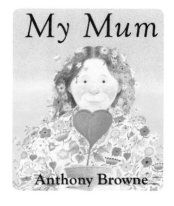

My Mum

By Anthony Brown (1946~)

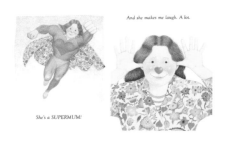

아빠에 대한 책을 봤다면 이제 엄마에 대한 책을 보자. 엄마 또한 매력적이고 아름다운 모습은 아니지만 가족을 위해 헌신하는 아름다운 모습이 엿보인다. 특히 공감되는 부분은 "우리 엄마는 훌륭한 화가예요"라는 대목이다. 그것은 화장대 앞에서 변신 전, 변신 후 모습에 대해 설명한 것이다. (ㅜㅜ) 요리사이기도 하고, 안락한 의자이기도 하고, 아이가 슬플 땐 천사가 되어 달래주고 … 엄마는 슈퍼우먼, 만능 척척 박사가 되어야겠다. 아이 눈에 엄마가 어떻게 보이는지 느껴지는 동화이다.

"I love my mum.

And you know what?

She loves me and she always will."

A BABY'S GARDEN

Illustrated by Eva Saull

정원에 다양한 'grass' 'dirt' 'birds' 'wind' 등이 있는 것처럼 아이들의 사진을 붙여 경이로운 정원으로 안내하도록 한 예쁜 책이다. 이 책은 독자가 아이의 사진을 붙여 가며 직접 꾸미는 책이다. 페이지마다 사진을 꽂도록 되어 있다. 이런 DIY^{Do it yourself}용 책을 만들어 아이가 성인이 되어 부모 곁을 떠나게 되었을 때 선물로 줘도 좋을 듯싶다.

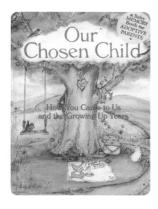

Our Chosen Child

By Judy Pelikan   *Andrews Mameel Publishing*

'A baby memory book for adoptive parents'란 스티커가 말해주듯 입양에 관한 책이다. 입양할 아이에게 어떻게 해서 입양하게 되었고, 그 당시 부모의 마음은 어떠했는지, 첫날에 무엇을 했는지 등을 사진과 함께 설명할 수 있게 되어있다. 이 책을 처음 보았을 때의 느낌은 '문화적 충격' 자체였다.

"How you came to us and the growing up years."

Kiss Kiss

By Margaret Wild & Bridget Strevens—Marzo

귀여운 아기 동물과 엄마 동물들이 아침에 일어나서도 'kiss, kiss', 길을 걷다가도 'kiss, kiss' 하는 내용이다. 이 세상에 아기 동물이 귀엽지 않은 사람도 있을까?

"Through the long, long grass waddle baby hippo. And this is what he heard …:"

"Kiss, Kiss."

2 발표하기에 좋은 동화

스토리텔러로 일을 시작한 후, 어느 시기가 되면 발표 수업을 해야 할 때가 있다. 처음 일을 시작한 교사에게는 무대에 아이들을 서게 한다는 것이 부담되는 일임은 분명하다. 그러나 발표하기에 좋은 동화는 따로 있고, 여기에 교사가 조금만 더 부지런하여 매 수업시간마다 누수 없이 반복하여 수업을 한다면 충분히 가능하다. 1회 수업에 1권의 동화를 수업하여 7회차 수업이면 5~6권의 동화를 암기하여 발표 수업을 충분히 할 수 있다.

우선 발표하겠다는 계획이 세워졌을 때에는 시기를 정하고 발표 수업에 적당한 동화를 수업하면 된다.

발표하기 수업에 적당한 동화는

첫째, 반복되는 패턴이 반드시 있다.

둘째, 노래나 라임으로 부르기가 좋다.

셋째, 책 발간 시 노래로 만들어진 경우가 많다.

넷째, 챈트로 부르기에 쉽고, 쉽게 박자를 맞출 수 있게 되어 있다.

다섯째, 교구나 책 만들기를 할 수 있는 경우가 많아 아동이 어디서나 쉽게 교구나 책을 이용하여 암기할 수 있도록 구성되어 있다.

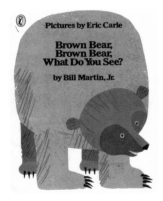

Brown Bear, Brown Bear, What Do You See?

By Bill Martin, Jr

《Brown bear, brown bear, what do you see?》를 빼놓으면 정말 서운할 것 같다. 특히 illustrator인 에릭 칼 동화는 대부분 반복되는 패턴이 있어 특히 발표하기에 좋다.

"Brown bear, brown bear, What do you see?"
"I see a red bird looking at me."

Eight Silly Monkeys

By Steve Haskamp

Eight silly monkeys jumping on the bed. One fell off and bump his head. Mama called the doctor. The doctor said "No more monkeys jumping on the bed"로 구성되는 이 책은 평범한 글을 읽어도 저절로 라임이 튀어 나오는 동화이다. 여기에 동작을 더하면 더 쉽게 암기할 수 있다.

The Wheels on the Bus

By nursery rhyme

잘 알려진 라임으로 구성되어 있어 CD만 틀어놔도 저절로 암기된다.

"The wheels on the bus go round and round, round and round~"

BEAR ABOUT TOWN

By Stella Blackstone

Illustrated by Debbie Harter

오디오로 잘 구성되어 있다. 다만 곰이 ○○를 가고 ○○○ 가는 것이 헷갈릴 수 있으니 발표 시 그림으로 도식화시켜주면 좋다. 너무 아동스럽지도 않고, 너무 저음도 아닌 적당히 매력적인 톤에, 따라 부르기 쉬운 음으로 구성되어 있다.

"Bear goes to town every day.
He likes to walk all the way.
On monday, he goes to the bakery."

I'm a Little Teaport

By Lza Trapani

유치원에 다니는 아동이 있는 부모나 교사라면 "나는 커다랗고 뚱뚱한 주전자예요. 내가 보글보글 끓으면 예쁘게 따라주세요."라는 노래를 들어봤을 것이다. 그 노래 율동에 맞추면 된다.

"I'm a little teapot, short and stout Here is my handle, here is my spout.
When I get all steamed up, hear me shout just tip me over, pour me out."

Twinkle Twinkle, Little Star

By Lza Trapani

이 책은 말할 것도 없이 노래를 위한 책이다.
"Twinkle twinkle little star,
How I wonder what you are.
Up above the world so high,

Like a diamond in the sky.
Twinkle twinkle little star,
How I wonder what you are."

Today is Monday

By Eric Carle

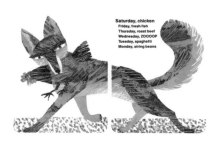

발표에는 역시나 에릭 칼님이 지존이시다. 이 책도 오디오가 있어 쉽게 따라 부를 수 있다. 월요일에 ~먹고, / 월요일 ~먹고, 화요일에 ~먹고/월요일에 ~먹고, 화요일에 ~먹고, 수요일에 ~먹고/가 반복되어 일요에 가면 너무 반복되어 지루할 수 있다.

혹시 편집할 수 있다면 편집해도 된다. 모션을 만들면 더욱 흥겨운 발표 동화가 될 수 있다.

마지막에 "All you hungry children, come and eat it up"이라는 말로 끝맺는다.

WHAT'S FOR LUNCH?

By Eric Carle

"점심으로 무엇을 먹을래?"라는 표현을 어떻게 하는지? 혹은 예의 바르게 거절할 때, 승낙할 때 어떻게 표현해야 하는지에 대한 고민은 이 책에 맡기면 된다.

"What's for lunch, apples?"

"No, thank you." or "Yes, please."

3 유용한 영어 학습 사이트

1) 워크시트 & crafts

- www.enchantrdlearning.com
- www.abcteach.com
- www.kizclub.com
- www.teacherplus.co.kr
- http://bogglesworldesl.com
- http://dltk-kiz.com
- www.rain.org/~philfear

2) storytelling

- www.suksuk.co.kr
- www.storyplace.org
- www.littlefox.co.kr
- www.starfall.com
- www.englishclub.com
- http://jr.naver.com/english 주니어 네이버 영어스쿨

3) 까페나 기타

- http://blog.daum.net/cutejinny
- http://cafe.daum.net/et114
- cafe.naver.com/ 자스민의 외국어 한마당

　　다양한 많은 사이트보다 실제로 가깝게 늘 사용하는 사이트가 나에게 맞는 것이다. 위의 사이트는 필자가 자주 들어가는 사이트이나 다른 사람에게는 낯설어 잘 활용되지 않을 수도 있다. 그러니 참고만 하도록!

　　요즘에는 인터넷 검색이 잘 발달하여 검색창에 올리기만 해도 금방 유익한 정보를 찾을 수 있다. 아무리 12첩 반상이 앞에 차려져 있어도 손이 안 가는 음식은 안 간다. 나에게 딱 맞는 사이트는 내가 찾아야 한다.

교실 영어 표현

1) 인사할 때의 표현(greetings)

Questions	Answers
Good morning, class.	Good morning, Mr. Oh.
How are things with you this morning. 오늘 아침 어때요?	Not bad. 나쁘지 않아요
How are you feeling today? 기분 어때요?	So so 그저 그래요.
How have you been? 잘 지냈어요?	I have been very well. 잘 지냈어요.
It's nice day, isn't it? 참 좋은 날씨에요.	Yes, it is. 네.

2) 칭찬할 때의 표현(complimenting)

Good job. 잘했어.

You did great! 참 잘 했어.

Wow, you are very good at it. 와우, 아주 잘 했어.

You got it. / You did it. 네가 해냈구나.

I'm so proud of you. 네가 자랑스러워.

Who's your teacher(mom, dad)? 누구 학생이니?

You are! 선생님 학생이요

Oh, my sweetie! 귀여운 내 새끼.

3) 격려할 때의 표현(encouraging)

Cheer up! 힘내.

You can do it. 너는 해낼 수 있어.

It's not that difficult. 그렇게 어렵지 않아.

Take it easy. 염려마. 편하게 생각해.

You can do it even if is seems hard. 못할 것 같아도 하면 할 수 있어.

I know you could do it. 네가 해낼 줄 알았어.

4) 수업 할 때의 표현(discipling)

Don't fight. 싸우지 마세요.

Don't be sad. 슬퍼하지 마세요.

Don't be mean. 심술궂게 굴지 마세요.

Don't be greedy 욕심내지 마세요.

Hand off. 손 떼.

Point to the good girl. 착한 애 가르켜 봐.

5) 집중시킬 때의 표현(Getting attention)

Look at the teacher. 선생님 보세요.

Take your seat. 자리에 앉으세요.

Don't stand up. 일어서지 마세요.

Listen to the teacher. 선생님 말 들으세요.

Keep your eyes closed. 눈 감으세요.

6) 수업 시작하기 전의 표현(transition to work)

Are you ready to start? 수업할 준비돼었나요?

It's time to start now. 이제 시작할 시간에요.

Now let's get down to work. 이제 수업하게 앉으세요.

Settle down now so we can start. 시작하게 앉으세요.

Have you all found page. 10? 전부 10페이지 폈나요?

We are on page 10. 10페이지 할거에요.

Help Young- Ju find the page. 영주가 페이지 찾도록 도와주세요.

7) 구연동화 브레인스토밍하는 표현

What can you see in the cover. 표지에 무엇을 볼 수 있나요?

Who will be the hero or heroin in the story? 이야기 속의 주인공은 누구일까요?

What will the hero do? 주인공은 무엇을 할까요?

How many characters will there be in the story? 이야기 속에 몇 명의 등장인물이 나올까요?

What will they do? 그들은 무엇을 할까요?

Will it be a sad story or happy story? 슬픈 이야기일까요? 행복한 이야기일까요?

Guess the story! 이야기 내용을 생각해 보세요!

What happen in the next page? 다음 페이지에 무슨 일이 일어날까요?

8) 구연동화 정리할 때 쓰는 표현

Who was the hero or heroin? 누가 주인공이었죠?

What did he or she do? 주인공은 무엇을 했죠?

Who else did you remember? 그 외 누가 기억나죠?

What did they do in the story? 그들은 이야기 속에서 무엇을 했죠?

How many characters are there in the story? 이야기 속에는 몇 명의 등장인물이 나왔죠?

Was it a sad story or happy story? 슬픈 이야기였나요? 행복한 이야기였나요?

What was the story? 어떤 이야기였나요?

Who will change the ending part of the story? 이야기의 마지막을 바꿔볼 사람은?

9) 복습할 때의 표현(review)

Let's go over our last lesson 지난 수업 복습합시다.

Can anybody tell me what we talked about? 지난번 무엇에 대해 이야기했는지 말해보세요.

Where were we? 무엇을 배웠었지요?

We were on lesson 5. 5과 배웠어요.

What was the lesson about? 무엇에 대해 배웠었지요?

It's about numbers. 숫자에 대해 배웠어요.

10) 수업하는 과정 중 표현(process of lesson)

Do what I'm doing. 내가 하는 대로 하세요.

Do as I say. 내가 말하는 대로 하세요.

Shall we look up the new words first? 새로운 단어부터 먼저 할까요?

Work in groups of three. 3명씩 짝지어 하세요.

Divide into two teams. 2팀으로 나누세요.

Any volunteers? 누구 해볼 사람?

Can somebody help me? 누가 좀 도와주겠니?

11) 부탁할 때의 표현(recommending)

Hurry up. 서두르렴.

Follow me. 따라와라.

Come on. 이리오렴.

Leave it alone. 내버려 둬.

Be a good boy. 착한 아이가 되어야지.

Be careful. Watch out, Look out. 조심해라.

Don't forget to be polite. Respect grown-ups. 어른에게 공손히 해라.

Say "yes". "예"라고 해야지.

12) 마침 인사할 때의 표현(farewells)

Good bye! 안녕!

See you soon! 곧 다시 만나요!

See you tomorrow! 내일 만나요!

See you next time! 다음에 만나요!

See you next week! 다음 주에 만나요!

Have a nice day! 멋진 날 보내세요!

Have a good holiday! 멋진 휴일 보내세요!

Have a good weekend! 멋진 주말 보내세요!

퀴즈 정답

퀴즈1   ④

퀴즈2   ②

퀴즈3   ④

퀴즈4   ④

퀴즈5   ⑤

퀴즈6   ③

퀴즈7   감각운동기(0~2세),
전조작기(2~7세),
구체적조작기(7~11,12세),
형식적 조작기(11,12~)

퀴즈8   ⑤

퀴즈9   ①

퀴즈10   ⑤

퀴즈11   ④

퀴즈12   ⑤

오영주. 2010. 영어동화책을 활용한 교육이 학습에 미치는 영향 연구. 군산대학교 교육대학원 석사학위 논문.

이명신. 2006. 이명신 선생님 영어그림책 골라주세요. (주) 보림출판사.

조양호. 2009 영어동화구연의 이론과 실제. (주) 팬컴.

홍선미·오영주. 2010. 영어동화책을 활용한 교육이 학습에 미치는 영향. 사이버콘텐츠연구(통권 제1호) pp.1~101.

홍선미. 2006. 자녀와 함께하는 유쾌한 영어교육. (주) 한국문화사.

Andrew Write. 2008. *Storytelling with children*. London: Oxford University.

Andrew Write. 2010. *Creating Stories With Children*. London: Oxford University.

Nancy Tafuri. *Have you seen my duckling?*

Rozanne Lanczak Williams.. *What do you see?*

http://www.mintpeach.com.ne.kr/

www.kizclub.com

http://www.enchantedlearning.com

Noman Gorbaty. *Get p and go little dinasaur*